나의 첫
암&핑거
니팅

Arm & Finger Knitting

바늘 없이 누구나 쉽게 만드는 손뜨개 기법
나의 첫 암 & 핑거니팅

초판 1쇄 인쇄 2015년 5월 1일
초판 1쇄 발행 2015년 5월 5일

지은이 로라 스트럿
펴낸이 안종남

펴낸 곳 지식인하우스
브랜드 홈스토리
출판등록 2011년 3월 31일 제 2011-000058호
주소 121-904 서울시 마포구 월드컵북로400(상암동) 문화콘텐츠센터 5층 5호
전화 02)6082-1070 **팩스** 02)6082-1035
전자우편 jsinbook@naver.com

ISBN 979-11-85959-09-2 13630

* 파손된 책은 구입하신 서점에서 교환해 드립니다.
* 책 값은 뒤 표지에 있습니다.

나의 첫
암&핑거 니팅

Arm & Finger Knitting

바늘 없이
누구나 쉽게 만드는
손뜨개 기법

로라 스트럿 지음 김민애 옮김
김수영(초록여신) 감수·옮김

홈스토리

ARM & FINGER KNITTING
CONTENTS

저자의 글

안녕하세요. '암 & 핑거니팅' 의 저자 로라 스트럿입니다. 한국에 '암 & 핑거니팅'을 출간하게 되어 영광으로 생각합니다.

뜨개질은 많은 사람들에게 까다로운 작업으로 여겨질지 모릅니다. 어떤 사람들은 시간이 너무 많이 걸려서 지쳐버리기도 합니다. 어린 시절부터 바늘로 뜨개질하는 법을 배운 저는 소품이나 선물, 또는 인테리어 소품을 직접 뜰 수 있는 새로운 방법 찾기에 늘 몰두해 있었습니다.

요즘 영국에서는 바늘 없이 팔과 손가락으로 뜨는 뜨개질이 인기를 얻고 있습니다. 암 & 핑거니팅의 인기 요인은 다채로운 색상의 털실로 즉석에서 뜨개 작품을 만들 수 있다는 점 때문일 겁니다. 작업 시간이 오래 걸리지 않고 재미있으며 매우 독창적입니다. 암니팅은 일반적인 바늘 뜨개질보다 그 형식이 훨씬 자유롭습니다. 사람들은 대부분 게이지를 뜨고, 맞추고, 배색표를 보며 조심스럽게 뜨개질하는 법에 익숙하겠지만, 암니팅과 핑거니팅은 그 과정이 끊김 없이 유기적으로 이어집니다. 물론 뜨개바늘 사용의 유무와 관계없이 두 방법 모두 여러 기술과 코뜨기 방법을 익히고, 전문용어를 알아야 합니다. 그러나 바늘이 아무리 굵어도 암니팅만큼 크기가 넉넉한 편물을 만들기는 어렵습니다. 이런 점에서 암니팅으로 만든 편물은 그 용도가 더욱 다양합니다. 이 책에서는 암니팅과 핑거니팅의 뜨개 기법을 익히는데 도움을 줄 만한 뜨개 작품들을 소개합니다. 무엇보다 손수 만들어 보고, 영감도 얻으며, 직접 디자인해보길 바랍니다.

수년 간 뜨개질을 해 왔거나, 가게에 진열된 털실의 매력에 푹 빠졌다면 더할 나위 없는 작품들을 만나게 될 겁니다. 바로 지금부터 이 책이 바늘 없이 뜨개질하는 법을 쉽게 안내해 줄 것입니다. 몇 개의 실타래와 손과 팔만으로 최신 유행의 니트웨어와 인테리어 소품, 그리고 선물하기 좋은 아이템들을 손수 만들 수 있습니다.

부디 즐거운 뜨개질 시간을 보내시길 바랍니다.

Laura Strutt

감수의 글

어린 시절, 딸 셋을 위해 한 땀 한 땀 정성을 들여 뜨개질 하시던 엄마의 모습이 아직도 눈에 선합니다. 알록달록 예쁜 털실과 뜨개바늘만 있으면 두툼한 아빠의 조끼를 시작으로 큰 언니의 예쁜 니트와 작은 언니의 니트 바지, 저의 원피스가 완성되었습니다. 저의 어린 시절은 엄마의 솜씨 덕분에 참으로 따뜻했습니다.

사실 뜨개질, 쉽지 않은 작업입니다. 그렇다 보니 감수와 번역을 하게 된 팔과 손으로 뜨는 '암 & 핑거니팅' 이 더욱 반갑게 느껴졌습니다. 이 책을 접하며 뜨개질에 대한 자신감이 생겼다고 할까요? 물론 엄마의 솜씨에는 비할 수 없겠지만 바늘 없이 팔과 손을 이용한 뜨개질이라면 아이들과 함께 즐겁게 만들 수 있을 것 같았습니다.

다양한 생활용품들을 바늘 없이 뜨개질할 수 있다는 점이 처음에는 무척 신기하고 의아하기도 했지만, 이 책을 통해 약간의 방법만 알면 누구나 쉽게 뜨개질을 할 수 있습니다. 저도 책을 작업하는 내내 패브릭 안으로 직접 떠보고, 새로운 아이디어들을 활용해 소품들을 만들기도 했습니다.

해외에서 인기가 높은 새로운 손뜨개 기법을 우리나라에 처음으로 소개하는 책을 번역하고 감수 작업하며 소개할 수 있어 개인적으로 참 좋은 기회였기에 감사한 마음 가득합니다. '암 & 핑거니팅' 과 함께 즐겁고 신나는 뜨개 시간을 가져 보세요. 감사합니다.

초록여신 **김수영**

암 & 핑거니팅에 필요한 도구와 재료

tools and materials

뜨개실

암니팅에 쓰이는 뜨개실은 대부분 가장 굵은 초극태사와 극태사를 사용한다. 뜨개바늘 대신 팔을 이용하기 때문에 무게감 있는 뜨개실을 사용해야 편물이 너무 헐렁하거나 나풀거리지 않는다.

완성된 편물에 색다른 효과를 주려면 동일한 색상이나 다른 색상을 지닌 뜨개실을 두 가닥 이상 동시에 사용하면 된다.

핑거니팅에는 매우 다양한 종류의 실을 사용할 수 있다. 중간 굵기의 태사부터 초극태사까지, 편물을 촘촘하거나 헐겁게 뜰 것인가에 따라 실의 종류를 결정하면 된다.

스킬 바늘

여러 조각의 편물을 꿰매어 이어주거나 완성하고 남은 실 끝을 정리할 때는 돗바늘을 사용하는 것보다 우측 사진처럼 스킬 바늘을 사용하는 것이 훨씬 간편하다. 스킬 바늘은 닫히는 부분이 있어서 바늘귀를 연 뒤에 실을 넣고 다시 닫은 후 바느질하면 된다. 가능하다면 손으로 직접 실을 깔끔하게 정리해도 된다.

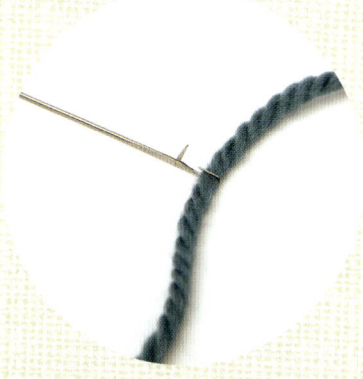

 암 & 핑거니팅에 유용한 용어와 약어

- ✠ **코잡기** : 뜨개질을 시작할 위치에서 뜨개 바탕이 될 코를 만드는 작업
- ✠ **코막기** : 뜨개질을 마친 후에 편물이 풀리지 않도록 코를 막는 작업
- ✠ **실타래 부분** : 실타래 쪽으로 이어진 실로 코를 만들 때 계속 사용하는 실이므로 영미권에서는 '작업용 실(working yarn)' 이라고 부른다.
- ✠ **실타래 끝** : 실이 잘린 끝으로 실타래 부분의 반대 방향을 말한다.
- ✠ **K** : 겉뜨기
- ✠ **P** : 안뜨기
- ✠ **겉뜨기로 2코 모아뜨기(K2tog)** : 2코를 모아 겉뜨기해서 콧수를 줄인다.
- ✠ **St(s)** : 한 코 혹은 한 땀
- ✠ **코 늘리기(KFB)** : 겉뜨기를 앞에서 한 번, 뒤에서 한 번, 두 번을 떠서 코를 늘린다.

누구나 쉽게 만드는 암니팅 기술

arm knitting techniques

간단한 방법만 알면 뜨개바늘 없이도 쉽게 할 수 있는 암니팅.
몇가지 방법만 알면 암니팅만으로
다양한 뜨개 작품을 짧은 시간 안에 완성할 수 있다.

롱테일 방식으로 코잡기

암니팅으로 뜨개질 할 때는 주로 실타래에서 어느 정도 풀어낸 실로 코를 잡는 롱테일 방식으로 하는데, 단단하고 안정적인 코를 기반으로 시작할 수 있어 좋다.

---

*사람의 팔 길이와 손 크기에 따라 코를 잡는 실 길이의 차이가 있을 수 있다.

← 실타래 끝

← 실타래 부분

1 첫 과정 실타래에서 풀어낼 적당한 실 길이는
10개의 코를 만들고자 할 경우 손목에서 팔꿈치
아래까지 2배 정도의 길이다.

2 실을 어느 정도 풀어낸 뒤 실타래 부분을 돌려
작은 원을 만들고 뒤에서 앞쪽으로 원을 통과시
키며 고리 모양이 나오도록 만들어준다.

 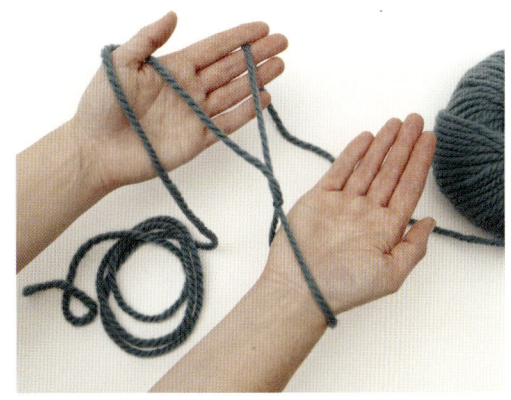

3 ②의 고리 부분을 오른손에 끼워 손목까지 밀어 넣는다. 이때 실타래 부분 실을 잡아당겨 바싹 감싸도록 조절한다. 나뉘진 두 갈래의 실 중 실 타래 끝을 왼쪽 방향으로 향하도록 하고, 실타 래 부분은 오른쪽 방향으로 가도록 놓는다. 두 실을 이렇게 놓으면 코잡기 할 준비가 끝난다.

4 두 갈래의 실 중 실타래 끝 쪽의 실이 왼쪽 손바 닥을 지나 엄지손가락에 걸쳐지게 해 실타래 끝 부분이 손목 근처에 떨어지게 하고 실타래 실은 왼손가락 둘째, 셋째 사이에 걸쳐준다.

5 오른손을 왼 손바닥에 겹치듯 놓으며 왼손에 있 는 실 중 가장 하단에 있는 실 아래로 통과시킨 뒤, 가운데 실을 지나 가장 상단에 있는 실 위에 올려놓는다.

6 ⑤의 상태에서 왼 손바닥 위 가장 상단에 있는 실을 잡고, 오른손을 고리 사이로 통과시켜 당 겨준다.

7 이렇게 만들어진 고리는 코가 되며 손목까지 밀어 넣어준다.

8 실타래 끝과 실타래 부분을 차례로 잡아당기며 코가 손목을 잘 감싸도록 알맞게 조절한다.

9 이 과정을 반복하며 필요한 만큼 코를 만든다.

스티치 홀더 STITCH HOLDER

이 책에 실린 뜨개 작품들은 짧은 시간 안에 손쉽게 만들 수 있어 두 시간이면 뜨개 작품 하나를 완성할 수도 있다. 그러나 아무리 짧은 시간을 작업한다고 해도 중간에 작업을 멈춰야 하는 경우가 생길 수 있다. 이런 경우 편물이 팔에 감겨 있어 코가 풀리지 않도록 보관해야 한다. 작업 도중에 멈춰야 한다면 가죽벨트나 두툼한 자투리실 한 가닥으로 암니팅용 스티치 홀더를 만들어 보자. 방법은 간단하다. 작업 중인 단을 마저 뜨고 벨트나 두툼한 자투리 실 끝을 한 손으로 잡고 코 사이로 넣어준다. 벨트나 실에 코를 모두 끼운 후에는 버클을 채우거나 실을 묶어서 잘 고정한다. 뜨개질을 다시 시작할 때에는 벨트 버클이나 실매듭을 풀고 코를 팔로 옮기면 된다.

첫째 단 뜨기

코는 실타래에 연결된 실타래 부분으로 뜨면 된다.
실타래 부분을 혼동해서 쓰지 않기 위해 코잡기가 끝난 후 남은 실타래 끝의 실은 묶거나 잘라내자.

1 실타래 부분을 오른손의 엄지와 검지로 주먹을
쥐듯이 살포시 잡고, 오른팔에 감긴 첫 코를 왼
손으로 잡는다.

2 왼손으로 잡은 첫 코를 잡아 오른손에서 빼낸다.
이때, 오른손으로 잡은 실은 새로운 코가 된다.

3 ②의 새로운 코를 사진처럼 왼손에 끼워준다.
오른팔 앞쪽에 누운 코들이 곧바로 실타래 쪽을
향하며 이렇게 되어야 코가 꼬이지 않고 깔끔한
편물이 완성된다.

4 새로 만들어진 코가 손목을 단단히 감싸도록 실
타래 부분을 당기며 조절한다. 남은 코도 동일
한 과정을 반복하며 오른팔에서 왼팔로 옮기며
겉뜨기한다.

둘째 단 뜨기

코를 뜨고 통과하는 방향 외에는 두 번째 단도 첫 번째 단과 같은 방법으로 뜬다.
지금부터는 왼쪽 팔뚝에서 코를 주워 뜬 다음 오른팔로 옮기면 된다.

1 실타래 부분을 왼손 엄지 아래에 놓아 실이 손 바닥에 자연스레 놓이게 한다.

2 오른손으로 첫 번째 코를 잡고 왼손 위로 넘기 면서 코 사이로 실타래 부분을 통과시킨다.

3 코를 살짝 돌려서 ③의 사진처럼 실타래 부분이 팔 앞쪽을 가로지르게 하고, 코의 앞쪽으로 오 른손을 넣고 팔목까지 밀어 넣는다. 새로 만들 어진 코가 손목을 잘 감싸도록 실타래 실을 살 짝 당겨가며 조절한다.

4 왼팔에 있는 남은 코도 같은 방법으로 반복해서 뜬다. 왼팔에서 오른팔로, 오른팔에서 왼팔로 코를 옮기며 다음 단도 계속 이어서 뜬다. 그러 면 위의 사진처럼 스타킹 뜨기가 완성된다.

코막기

필요한 단만큼 뜨면 코가 풀리지 않도록 코막음를 해야 한다.

1 왼팔에서 뜨개질을 마무리한 뒤, 오른팔로 첫 코를 뜬다.

2 두 번째 코도 같은 방법으로 떠준 후 왼손으로 오른팔에 있는 첫 번째 코를 주워 두 번째 코를 덮어씌우며 오른손에서 빼낸다. 이 때 두 번째 코는 첫 번째 코가 풀리지 않는 역할을 한다.

3 왼팔의 한 코를 오른팔로 넘겨 뜬 뒤, 같은 방법으로 첫 번째 코로 두 번째 코를 덮어씌운다. 단 전체에 걸쳐 먼저 뜬 코가 나중에 뜬 코를 막는 것과 같은 작업을 반복한다.

4 단 끝까지 작업을 마치면 오른팔에 마지막 한 코가 남는다. 마지막 코를 팔에서 빼기 전에 살짝 느슨하게 해 주고 코 사이로 실타래 실을 통과시킨 뒤 당겨서 마지막 코를 조여준다. 남은 실타래 실은 완성된 편물에 엮어 마무리하거나 다른 편물을 추가할 때 사용할 수 있다.

안뜨기

안뜨기를 조금씩 적용하면 편물에 짜임을 더할 수 있다. 안뜨기는 겉뜨기와 반대 방향으로 뜨는 방식으로 실타래 실을 코 뒤쪽에서 앞쪽으로 통과하는 대신, 코 앞쪽에서 뒤쪽으로 통과한 뒤에 당기면 편물의 표면에 입체감이 더해지며 다양한 짜임을 만들 수 있다. 실을 한 번에 여러 가닥 사용해 안뜨기를 하면 우측 사진처럼 완성된다.

1 필요한 콧수만큼 코를 잡고, 실 타래 부분을 편물의 앞쪽에 둔 상태에서 고리 모양으로 만들어 팔에 끼워진 첫 번째 코 사이를 통과시키며 코를 만든다. 실은 겉뜨기와 달리, 앞쪽에서 뒤쪽으로 당겨야 한다.

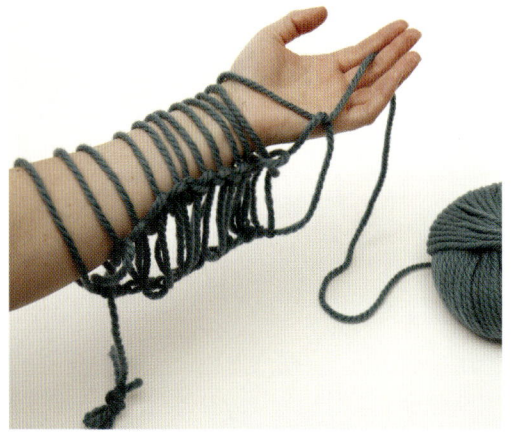

2 만든 코를 다른 팔에 끼운다. 코가 꼬이지 않도록 실타래 부분을 팔 앞쪽에 둔다.

3 앞쪽에서 뒤쪽으로 실을 통과시키며 같은 과정을 반복해서 단 전체를 마무리한다. 왼팔에서 오른팔로 안뜨기를 할 때에도 방향만 반대로 하고 같은 방식으로 뜬다.

코 늘리기

어떤 옷이나 물건의 모양을 내기 위해 콧수를 늘리거나 줄여야 할 때가 있다. 코 늘리기는 같은 코를 두 번 겉뜨기하는 방식으로, 첫 코는 앞쪽을 통과해서 겉뜨기하고, 두 번째 코는 뒤쪽을 통과해서 코를 추가한다.

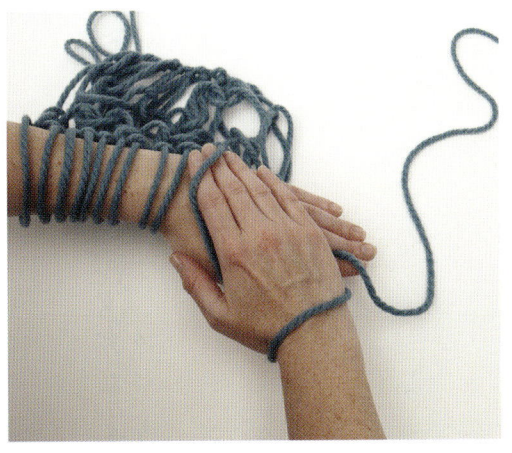

1 평소처럼 겉뜨기로 다른 쪽 팔에 새 코를 뜬다. 다음 코를 뜰 때는 원래의 팔에 있던 코를 빼지 않고 그대로 둔 상태에서 팔을 돌려 손을 코의 뒤쪽으로 끼워 넣는다.

2 실타래 부분을 코 사이로 다시 통과시켜서 당기고, 이렇게 새로 만들어진 코를 다른 쪽 팔로 옮긴다.

코 줄이기

코 줄이기는 두 개의 코를 동시에 떠서 하나의 코로 만들면 된다.

1 겉뜨기할 때처럼 팔에 감겨 있는 두 개의 고리 사이로 손을 넣은 다음, 실타래 부분을 잡고 두 코 사이를 동시에 통과해서 다른 팔로 새 코를 옮겨준다.

멍석 뜨기

겉뜨기와 안뜨기를 한 코씩 번갈아 뜨고, 그 다음 줄에는 순서를 바꾸어 떠
서 만들어지는 뜨개 무늬로, 뜨개바늘로는 익숙하더라도 바늘 없이 멍석
뜨기를 하려면 적응하는데 시간이 좀 필요할 지도 모른다. 우측 사진은 여
러 가닥의 실로 멍석 뜨기를 한 예이다.
한편 고무뜨기는 겉뜨기와 안뜨기를 다음 줄에서도 같은 순서로 반복해
서 떠서 만들어지는 뜨개 무늬로 편물에 교차된 줄 무늬를 만들 수 있다.

여러 가닥의 실로 뜨기

다양한 무늬를 뜨거나 암니팅을 디자인할 때에는 여러 가닥의 실을 한꺼번에 이용하게 된다. 동시
에 여러 가닥의 실을 이용하려면 각 실타래에서 실을 뽑아 한꺼번에 쥐고 하나의 실처럼 바느질하
며 코를 만들어간다.

1 수월한 과정을 위해 실타래 끝에 작은 매듭을
만들어 실이 한 가닥으로 잘 모이게 한다.

2 한 가닥이라도 놓치지 않도록 뜨개질하며 확인
해 준다.

빗줄 무늬(꽈배기) 뜨기

뜨개코가 겹치도록 한 줄에서 뜨개코의 위치를 바꾸어 만들어
내는 뜨개 무늬로 몇몇 코를 팔에서 빼지 않고, 뒤에 오는 코를
먼저 뜬 다음 다시 빼둔 코를 뜨는 작업이다. 본문 42쪽에서 소
개한 '꽈배기 무릎 담요'와 같이 코를 뜨는 순서를 바꾸면 완성
된 편물에 꽈배기 모양이 생긴다.

1 도안에 제시된 콧수만큼 코잡기 한 뒤 1단을 완성한다.

2 6코의 빗줄 무늬를 넣을 경우, 겉뜨기를 하다가
왼쪽 팔에서 세 개의 코를 뜨지 않은 상태로 오
른손의 엄지로 옮겨준다.

3 그 다음에 오는 세 코는 왼쪽 팔에서 오른쪽 팔
로 옮기며 겉뜨기한다. 이 경우 코들이 풀어지
지 않도록 빼 놓은 코들은 오른손 엄지에서 왼
손 엄지로 번갈아 옮기며 작업해야 한다.

4 코의 방향을 그대로 오른손 엄지에 걸어 놓은
세 개의 코를 원래 순서대로 왼팔로 옮겨 단 끝
까지 겉뜨기한다.

5 모든 코를 도안에 맞게 단수를 늘이며 겉뜨기와
꽈배기 뜨기를 반복한다.

누구나 쉽게 만드는 핑거니팅 기술
finger knitting techniques

핑거니팅은 두 손만으로 짧은 시간에 쉽고 빠르게 긴 끈을 만들 수 있는 방법이다.
두 손가락에서 네 손가락까지를 사용하여 실을 손가락에 걸고 빼는 방식으로 만든다.

두 손가락 핑거니팅

코잡기

1 실타래 끝을 왼 손바닥에 놓고 실타래 부분으로
  중지 안쪽을 돌며 감아준다.

2 실타래 부분을 검지와 중지 사이로 8자 모양 그
  리듯 감아주며 손가락마다 두 개의 고리가 생기
  도록 만든 후, 팔자의 중앙을 지나 손바닥에 놓
  아준다.

코뜨기

1 검지부터 아래쪽 고리를 위쪽 고리 위로 넘겨
  손끝에서 빼낸다. 중지의 아래쪽 고리도 같은
  방법으로 빼내면 첫 번째 코가 만들어진다.

2 다시 검지와 중지에 8자 모양으로 실을 감아 손
  가락마다 두 개의 고리를 만든다.

3 ②와 마찬가지로 검지부터 아래쪽 고리를 위쪽 고리 위로 넘겨 손가락에서 빼낸다.

4 중지의 아래쪽 고리도 같은 방법으로 뺀다.

5 한 단씩 뜰 때마다 실을 살살 당겨 코를 깔끔하게 정리하면서 원하는 길이만큼 계속 뜬다.

두 손가락 핑거니팅 코막음하기

1 원하는 길이만큼 뜨고 나면, 검지와 중지에 하나의 고리를 만들 만큼의 실만 남기고 잘라낸다.

2 손가락에서 고리를 빼고 실 끝을 고리 사이에 넣는다.

3 실 끝을 당겨 고리를 조여주며 코막음을 한다.

세 손가락 · 네 손가락 핑거니팅

두 손가락 핑거니팅과 같은 방법으로, 더욱 굵은 끈을 만들 때 사용한다.

코뜨기

1 손의 한쪽 끝에서 다른 쪽 끝으로 실을 교차하며 왕복 이동해서 원하는 콧수만큼 엮어내면 손가락마다 두 개의 고리가 생긴다.

2 검지부터 아래쪽 고리를 윗쪽 고리 위로 넘기며 손가락에서 빼낸다.

3 같은 방법으로 다른 손가락도 순서대로 반복하며 원하는 길이만큼 뜬다.

코막음

1 실 끝을 잘라 코 사이로 넣은 뒤, 실을 바싹 당겨 코막음한다.

마무리하기

finishing touches

책에 실린 편물을 깔끔하게 마무리 하는 방법으로 자신이 직접 디자인한
아이템에도 적용하면 좋다.

실 끝을 편물 안으로 엮어 넣기

뜨개질을 마무리할 때 시작과 끝부분에 남는 실과 코를 잡거나 막는 부분에서 남는 실을 편물에 엮
어 넣으면, 실 끝이 풀리지 않을 뿐 아니라 완성된 편물에 실이 매달려 있는 일도 없어서 깔끔하게
완성할 수 있다.

1 완성된 편물을 뒷면이 보이게 놓고 실 끝을 손
가락을 이용해 편물 사이사이로 3~4코 정도 엮
어준다. 만약 다양한 종류의 뜨개실을 사용했다
면 꼼꼼하게 마무리하기 위해 한 가닥씩 따로
엮어준다.

2 실 끝을 모두 엮은 뒤에는 하나의 코에 실을 감
아 매듭을 만들면 풀리지 않을 뿐만 아니라, 앞
면에서 볼 때 흔적도 남지 않는다. 남은 실은 깨
끗하게 잘라낸다.

✂ 앞면과 뒷면 구별하기

겉뜨기로만 암니팅 하면 일반 뜨개로 스타킹 뜨기한 것과 비슷해 앞면과 뒷면의 차이를 확실히 구별할 수 있다.

앞면은 표면이 부드럽고
평평하며 V자 형태의
코로 연결된 것을 볼 수 있다.

뒷면은 돌기가 단정하고
균일하게 정렬되어 있어서
짜임이 훨씬 풍부하다.

암니팅한 편물 조각 이어주기 (메리야스 잇기)

여러 조각의 편물을 이어줄 때에는 손가락으로 꿰매 주거나 스킬 바늘을 사용해 겉뜨기로 잇는 방법인 메리야스 잇기를 한다. 새로운 실을 이용해 간단하게 이어주기하거나 하나의 조각을 만든 후, 이어져 있는 실을 그대로 사용해 다른 조각을 이어도 된다.
잇기가 끝난 후 솔기가 풀리지 않도록 양 실 끝을 편물 안으로 엮어 넣는다.

1 앞면이 보이도록 편물을 옆으로 나란히 놓고 수평을 이루도록 잘 맞춰 놓고 두 개의 편물 양끝을 연결한다.

2 두 개의 편물을 번갈아 가며 바느질 하는 방식으로 반대편 편물로 바늘이 들어갈 때 실이 나온 부분을 다시 넣어준다.

3 실을 조금씩 당겨 꿰맨 두 부분이 모이면 이어준 실이 가려지며 깔끔해진다. 동일한 방식으로 두 편물의 가장자리를 번갈아 이동하며 솔기를 꿰매어 잇는다.

4 남은 실은 풀리지 않도록 마무리하고 편물 안으로 엮어 넣은 다음, 매듭을 만들고 남은 실은 잘라낸다.

핑거니팅 마무리하기

핑거니팅에서도 실 끝을 엮거나 두 편물을 꿰매어 이어주기할 때 암니팅과 같은 방식으로 진행한다. 그러나 암니팅에 비해 핑거니팅은 코가 훨씬 작다.

마무리하기

1 핑거니팅한 부분 사이로 실 끝을 엮어 넣은 후 매듭을 만들고 남은 실은 잘라낸다.

끈 이어주기

1 두개의 끈을 앞면이 보이게 나란히 놓고 뜨개실이나 바느질용 실을 사용해 바깥쪽에서 안쪽으로 한쪽 끈에서 다른 쪽 끈을 오가며 통과해 이어준다.

2 실을 조금 당기듯 바느질 해 깔끔하게 이어주고 실 끝은 뜨개끈 안으로 엮어 넣어 마무리한다.

대체실 만들기

필자가 사용한 실로 작품을 만들 수도 있지만, 사람마다 추구하는 스타일이 다르기 때문에 직접 고른 실로 자신이 원하는 뜨개 작품을 만들고 싶어하는 독자도 있을 것이다. 다른 실로 만들 때에는 고려해야 할 몇 가지 사항이 있는데, 제시한 팁을 참고해서 성공적인 뜨개 작품에 적절한 대체실을 고르자.

이 책에서 소개한 작품을 만드는 방법에는 실의 무게와 소재, 1타래의 실 길이와 실의 특성이 구체적으로 나와 있다. 이 정보는 기존의 실이 아닌 다른 실을 고를 때 필요한 정보이다.

● **실의 색상 :** 개인의 취향에 맞게 작품을 디자인할 수 있는 가장 쉽고 간단한 방법은 색상을 바꾸는 것이다. 사람들은 주로 소재는 같지만 색상이 다른 실을 사용한다. 소개한 편물의 대다수는 여러 종류의 실을 모아서 하나의 실처럼 뜨개질한 작품들이기 때문에, 다양한 실을 사용하는 것보다 한 종류의 실로만 여러 가닥을 모아 뜨면 더욱 단정한 느낌의 작품을 만들 수 있다. 그리고 중요한 또 한가지는 편물을 완성하는데 필요한 실이 부족하진 않은지 꼭 미리 확인하는 것이다.

● **실의 무게와 게이지 :** 이 책에서 소개한 뜨개 작품들 중 암니팅으로 작품을 뜰 때는 대부분 극태사나 초극태사를 사용하는데 두툼한 실을 사용하면 뜨개 간격이 넉넉하고 짜임이 느슨해져 사이사이에 가느다란 실을 엮어 넣을 수 있어서 편물의 감촉도 더욱 부드러워지며 레이스 느낌도 더할 수 있다. 소개한 뜨개 작품들과 비슷하게 만들고 싶다면 비슷한 무게의 실을 골라야 직접 떴을 때 게이지도 비슷해진다. 사람마다 팔과 손가락의 굵기가 다르기 때문에 이 책에서는 게이지를 정확하게 정해두지 않았다. 소개된 작품을 대체실로 완성했을 때 비슷한 크기가 되려면, 제시된 실의 표준 게이지와 같은 대체실을 골라야 한다. 표준 게이지는 실타래의 라벨이나 제조업체의 홈페이지에서 확인할 수 있으니 표준 게이지의 차이가 크게 나지 않는 실로 뜨도록 한다. 게이지의 차이가 크면 완성된 모양이 완전히 달라질 수 있다.

● **실의 양 :** 작품을 완성하는데 필요한 실타래 수는 뜨개 작품별로 제시해 두었고, 1타래가 가진 평균적인 길이도 미터법으로 모두 표기되어 있다. 이 정보를 활용하면 어떤 작품을 대체실로 뜰 때 실타래가 몇 개 필요한지를 알 수 있다. 책에 제시된 실과 대체실의 1타래 당 실 길이가 다른 경우에는, 책에서 제시한 실타래 수와 1타래의 길이를 곱해서 전체 실의 길이를 구한 뒤에 이를 대체실 1타래의 길이로 나누어 주면 필요한 대체실의 실타래 개수를 구할 수 있다.

TIP!

실을 대량으로 구매할 경우에는 실타래의 라벨에 적힌 색상뿐만 아니라 로트(염색 제조)번호도 모두 일치하는지를 꼭 확인해야 한다. 로트 번호란 염색할 때 함께 염색한 실의 무리를 표기하는 번호로 로트 번호가 같은 실타래를 고르면 어렵지 않게 색의 통일감을 유지할 수 있다.

● **실의 소재 :** 소개된 작품들은 대부분 울혼방으로 된 뜨개실을 사용하지만 원단이나 티셔츠 원단으로 된 뜨개실로 완성하는 작품도 있다. 사용하는 실의 소재에 따라 작품의 느낌도 달라지므로 멋진 작품을 만들고 싶다면 책에서 제시한 실이나 거의 비슷한 소재의 실로 고르도록 하자.

나만의 티셔츠로 뜨개실 만들기

making your own T-shirt yarn

이 책에서 다룬 뜨개 작품 중에는 유명 상표의 티셔츠 뜨개실을 사용한 것도 있다.
그러나 티셔츠 뜨개실은 매우 쉽게 직접 만들 수 있다.
하지만 암니팅으로 커다란 편물을 짠다면 티셔츠가 너무 많이
필요하므로 시간과 비용을 고려한다면,
작은 아이템을 만들 때에만 티셔츠 뜨개실을 직접 만들어 쓰는 것을 추천한다.

재료
- 저지 소재의 티셔츠(옆 솔기선이 없고 되도록 큰 사이즈면 좋다)
- 재단가위
- 자
- 쵸크

1 티셔츠를 평평한 곳에 펼쳐 놓고 손으로 문질러 주름을 편다. 쵸크로 티셔츠의 끝 단 바로 위와 겨드랑이 바로 아래를 가로지르는 부분에 자를 대고 선을 긋는다.

2 재단가위로 선을 자른다. 위와 아래 나눠진 부분은 사용하지 않는다.

3 가위로 자른 쪽이 왼쪽과 오른쪽을 향하도록 가로로 놓고 끝이 정확히 맞도록 놓은 다음 티셔츠를 반으로 접는다. 이때, 아래 티셔츠 부분을 2.5cm정도 여유를 준다.

4 자와 쵸크를 사용해 위로 접어 올린 부분의 가장 위에서부터 아래 접힌 부분까지 2.5cm 간격으로 세로로 선을 긋는다.

5 재단가위로 선을 따라 자르면 가는 티셔츠 끈이 깔끔하게 만들어진다. 이 때, 밑에 깔린 티셔츠의 윗부분 2.5cm는 자르지 않고 남겨둔다.

6 티셔츠를 펼쳐서 가위로 자르지 않은 부분이 가운데 오도록 놓으면 마치 등뼈와 같은 모양이 나온다. 자른 티셔츠를 반듯하게 편 후 원단의 가장 아랫부분부터 초크로 대각선을 깔끔하게 긋는다. 즉, 첫 번째 끈의 왼쪽 상단에 있는 꼭짓점에서 맞은편에 있는 두 번째 끈의 왼쪽 하단에 있는 꼭짓점으로, 아래에서 위로 대각선을 긋는 방식이다. 이런 식으로 등뼈를 가로질러 대각선으로 끝까지 계속 줄을 그어 나간다.

7 그어놓은 선을 따라 위쪽에 놓인 천만 자르면 한 줄의 긴 끈이 만들어진다.

8 끈을 털어준 뒤 두 손으로 약간의 힘을 주며 양쪽으로 잡아당기면 가위로 자른 쪽이 둥글게 말린다.

티셔츠 뜨개실 연결하기

티셔츠를 여러 장 잘라내어 뜨개실을 만들어 한 줄로 길게 연결해 깔끔하게 일반 뜨개실처럼 말아 사용하려 한다면 바느질로 연결하거나 끈으로 연결하는 방법을 시도해보자.

바느질로 연결하기

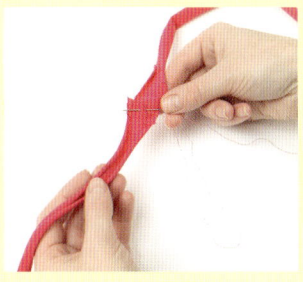

1 셔츠 뜨개실의 양 끝을 1.5cm 포개어 놓고 손바느질이나 재봉틀로 바느질한다.

끈으로만 연결하기

1 연결하려는 티셔츠 뜨개실 두개를 한쪽 끝 부분만 2cm 정도 떨어진 곳에 가위로 1cm정도의 작은 구멍을 낸다.

2 구멍을 내지 않은 한 개의 뜨개실 끝을 다른 뜨개실의 잘라놓은 작은 구멍으로 통과시키고 이번에는 반대로 해준다.

3 양쪽에서 실을 잡아 당기면 각각의 구멍으로 연결된 두 티셔츠 뜨개실이 단단히 이어지고 튀어나온 부분을 가위로 정리해 주면 깔끔하고 긴 뜨개실이 만들어진다.

ARM KNITS *for the home*

암니팅으로 만드는
인테리어 소품

TIP!

한 콘의 실을 두 타래로 나눌 때
팔 길이를 기준으로 수를 맞춘다.
이렇게 하면 1타래 당 전체 길이를
팔 길이의 배수로 동일하게
맞출 수 있다. 이 방법 외에,
두개로 나눈 실타래를
저울 위에 올려
무게가 같은지를 확인하는
방법도 있다.

미니 컬러팝 쿠션
color pop scatter pillows

패브릭 얀이나 뜨개실은 소형 쿠션 세트처럼
현대적이면서도 눈에 띄는 편물을 만들기에 안성맞춤이다.
이 쿠션 커버는 짜임이 단순해서 콧수와 단수를
늘리거나 줄여서 원하는 크기별로 다양하게 만들 수 있다.

재료	완성 크기
● 훗트 즈파헤티 패션 얀(Hoooked Zpagetti fashion yarn) 1콘	● 약 가로 36cm × 세로 36cm
● 패브릭 얀 핑크, 믹스 핑크, 라일락(쿠션 한 개당 1콘 사용, 1콘 당 120m)	**작업 시간**
● 쿠션 솜(가로 34cm × 세로 34cm)	● 오후 반나절이면 완성
● 큰 우드 단추 9개	
● 돗바늘이나 스킬 바늘	

암니팅 방법

뜨개실 1콘을 길이나 무게가 동일한 다섯 개의 실타래로 나눈다(TIP 참고).
실 다섯 가닥을 합쳐 팔 길이의 1.5배를 풀어 롱테일 방식으로 7코를 만든다.
20단을 뜬 다음 코막음한다.

쿠션 만드는 방법

암니팅으로 완성한 편물 중앙 위에 쿠션을 올려 첫단과 끝단 부분이 살짝 포개어지듯 감싸준 후, 사용한 뜨개실 두 가닥으로 옆면을 메리야스 잇기(22쪽 참고)로 연결한다.
사용한 실 한 가닥을 돗바늘이나 스킬 바늘을 이용해 포개어진 부분 중 아래쪽에 나무 단추를 적당한 간격을 주어 달아주고 위 포개어진 편물 사이로 단추를 끼워 넣어 채워준다. 이렇게 하면 단추 구멍을 따로 만들 필요가 없다.

응용해 만들기

쿠션의 색감에 변화를 주고 싶다면 다섯 가지 색상의 실을 합쳐서 사용해 보자. 다채로운 색감을 띤 쿠션 세트를 완성할 수 있을 것이다.

폭신한 스툴 커버
comfy stool topper

평범한 스툴에 폭신함을 주는 패드를 넣고
암니팅으로 만든 커버를 씌워
하나 밖에 없는 나만의 스툴을 만들어 보자.

재료
- 데비 블리스 팔로마(Debbie Bliss Paloma) 초극태사
  (베이비 알파카 60%, 메리노 울 40%, 1볼 50g, 약
  65m)
- A-라임(26) 1볼
- B-더스키로즈(19) 1볼
- 면 원단 1m
- 스프레이 접착제

- 타카
- 스툴

완성 크기
- 지름 35cm, 이케아 스툴 규격에 맞추어 제작

작업 시간
- 오후 반나절이면 완성

암니팅 방법

먼저 실을 두 개의 실타래로 나눈 뒤, 다시 크기가 같
은 네 개의 실타래로 나눈다.

A실 두 가닥과 B실 두 가닥, 모두 네 가닥의 실을 합친
다음 팔 길이의 2~2.5배를 풀어 12코를 만든다.

1단과 2단 동일한 방법으로 겉뜨기 1코, 안뜨기 1코
단 끝까지 반복한다.

이렇게 동일한 방법으로 계속 떠주면 안뜨기 했던 부
분은 겉뜨기로, 겉뜨기는 안뜨기로 되는 멍석 뜨기가
된다.

같은 방식으로 반복해서 6단을 더 떠서 8단까지 완성
하고 코막음한다.

TIP!

다리를 먼저 제거한 후에
패드를 사이즈에 맞게
재단하면 더욱 깔끔하게
만들 수 있다.

스툴 커버 만드는 방법

고무 패드에 스툴 좌석부분을 대고 모양을 본떠 그린 뒤 알맞은 사
이즈로 만들고 스프레이 접착제를 이용해 붙여준다.

면 원단을 좌석 크기보다 12cm 더 큰 정사각형으로 재단하고
좌석에 패드를 붙인 스툴을 면 원단의 뒷면 중앙에 올려놓고
감싸듯 천을 중앙으로 모아 테두리 부분을 깔끔하게 정리해
주고 타카로 천을 스툴에 고정시킨다.

좌석 크기보다 2.5cm 작은 원을 면 원단에서 오려낸 다음, 스
프레이 접착제를 이용해 뒷면을 가려 깔끔하게 해준다.

원단으로 마감한 좌석부분을 편물로 씌워 꼭지점 4곳을 모아 실을
잡아당겨 풀리지 않도록 매듭을 단단하게 지어 고정해준다. 이때 편
물을 더욱 단단하게 고정하고 싶다면 편물과 함께 타카를 2번 정도 더 찍어
준다.

TIP!

안뜨기는 실을 편물의 뒤쪽으로
통과시켜 코를 뜬다(14쪽 참고).
코뜨기가 끝나는 순간
실타래 부분이 반드시
팔의 앞쪽에 와야
코가 꼬이지 않는다.

응용해 만들기

스툴 커버를 다양한 사이즈로 만들어 활용해 보자. 스툴 커버는 좌석을 전체적으로 충분히 감쌀 수 있도록 전
체 치수를 잰 후 10cm를 추가해 편물을 뜨면 된다.

포근한 줄무늬 덮개

cozy striped throw

침대나 소파에서 사용할 커다란 덮개를 뜨개질하려면,
작업량이 너무 많아서 아무리 열심히 해도 한참 걸리게 마련이다.
하지만 여러 종류의 극태사를 사용하여 암니팅하면
화려한 색상의 덮개를 몇 시간이면 뚝딱 완성할 수 있다.

재료
- 라이온 브랜드 홈스펀(Lion Brand Homespun) 극태사(아크릴 98%, 폴리에스테르 2%, 1볼 170g, 약 169m)
- A-애플 그린(339) 3볼
- 라이온 브랜드 홈타운 USA(Lion Brand Hometown USA) 초극태사(아크릴 100%, 1볼 142g, 약 74m)
- B-오클라호마 시티(172) 2볼
- 라이온 브랜드 홈스펀 씩&퀵(Lion Brand Homespun Thick & Quick) 초극태사(아크릴 88%, 폴리에스테르 12%, 1볼 227g, 약 146m)
- C-도브(437) 3볼
- 스킬 바늘

완성 크기
- 약 가로 160cm × 세로 116cm

작업 시간
- 두 시간 정도면 완성

암니팅 방법

A실 세 가닥과 B실 두 가닥, 모두 다섯 가닥의 실을 합쳐서 팔 길이의 4배로 풀어낸 다음, 롱테일 방식으로 30코를 만든다.

A실과 B실로 세 단을 겉뜨기한다.
- 4-9단: C실 세 가닥을 합쳐서 매듭으로 묶고, 뜨기 시작한다. 여섯 단을 겉뜨기한다.
- 10-12단: A실과 B실을 합친 다섯 가닥의 실로 교체한 다음 세 단을 겉뜨기한다.
- 13-18단: C실로 교체한 다음 여섯 단을 겉뜨기한다.
- 19-21단: A실과 B실로 교체한 다음 세 단을 겉뜨기한다.
- 22-27단: C실로 교체한 다음 여섯 단을 겉뜨기한다.
- 28-30단: A실과 B실로 교체한 다음 세 단을 겉뜨기한다.

A실과 B실로 코막음한다.

덮개 만드는 방법

첫 단부터 끝단까지 연결하며 남은 실들을 스킬 바늘을 사용하여 편물 안으로 엮어 넣자. 이 때, 깔끔하게 마무리할 수 있도록 남은 실 끝은 한 가닥씩 따로 매듭을 지어준다.

TIP!

실을 교체할 때에는
실과 실이 만나는 편물의 옆단에서
사용하던 실과 사용할 실을 묶자.
편물을 완성하면
실 끝을 안으로 엮어 넣을 수 있도록
7.5cm 가량 남기고
잘라낸다.

응용해 만들기

이 덮개는 두 가지 색상으로 가로줄 무늬를 반복해서 만들었다. 줄무늬를 각각 다른 색상의 실로 뜨면 덮개의 색상이 더욱 다채로워질 수 있다.

리본 덧베개
bolster pillow

덧베개는 쉽고 빠르게 만들 수 있을 뿐 아니라
솜 크기에 상관없이 원하는 크기로 만들 수 있는 인테리어 아이템이다.
예쁜 커버를 씌워 침대나 쇼파에 두면 편리하면서도
예쁜 공간을 만들 수 있다.

재료
- 라이온 브랜드 홈스펀(Lion Brand Homespun) 극태
  사(아크릴 98%, 폴리에스테르 2%, 1볼 170g, 약 169m)
- 코랄 리프(416) 1볼
- 목베개 솜(폭 43cm × 지름 15cm)
- 리본(길이 104cm)

완성 크기
- 폭 71cm × 깊이 63cm

작업 시간
- 한 시간 정도면 완성

암니팅 방법

같은 분량의 실타래를 여섯 개 만들고, 여섯 가닥의 실
을 겹쳐서 팔 길이의 2.5배 정도로 풀어 12코를 만든다.
12단을 겉뜨기한다.

베개 만드는 방법

편물의 앞면이 보이도록 놓은 상태에서 첫단과 끝단
을 맞대어 메리야스 잇기로 연결해 주고 한쪽에 리본
을 끼워 묶은 후, 리본 끝이 풀리지 않도록 라이터로
정리한다.

응용해 만들기

위의 커버는 이케아 리젤 목베개에 맞게 만들었다. 어느 베개 사이즈든지 콧수와 단수를 늘리거나 줄이는 방법
만으로도 자신이 원하는 크기의 커버를 쉽게 만들 수 있다.

TIP!

베개의 질감을 더욱
살리고 싶다면
안쪽을 바깥쪽으로
나오게 만들어 보자.
굴곡선이 보여 질감 표현이
더 살아난다.

사각패치 담요
seamed square blanket

작은 패치 조각을 이어 만드는 퀼트 기법으로
나만의 담요를 만들어 보자.
암니팅으로 만든 여러 장의 편물을 네모꼴로 떠서
이어붙이면 소박하면서도 매력적인 사각 패치 담요가 된다.

재료
- 라이온 브랜드 울이즈 씩&퀵(Lion Brand Wool-Ease Thick & Quick) 초극태사(아크릴 80%, 울 20%, 1볼 170g, 약 80m)
- A-글래시어(105) 2볼
- B-피셔맨(099) 2볼
- C-스카이 블루(106) 2볼
- 라이온 브랜드 울이즈 씩&퀵 메탈릭스(Lion Brand Wool-Ease Thick & Quick Metallics) 초극태사(아크릴 79%, 울 20%, 메탈릭 폴리에스테르 1%, 1볼 170g, 약 84m)
- D-미스티컬(307) 2볼

완성 크기
- 약 가로 102cm × 세로 140cm

작업 시간
- 오후 반나절이면 완성

암니팅 방법

사각보 1 (2장 뜨기)
A와 B실을 두 가닥씩 겹쳐 네 가닥을 만들고, 실을 팔 길이의 2.5배 정도로 풀어 롱테일 방식으로 15 코를 만든다.
1단 모두 겉뜨기한다. 반복해서 남은 11단을 뜬다.

사각보 2 (2장 뜨기)
C와 D실을 두 가닥씩 겹쳐 네 가닥을 만들고, 실을 팔 길이의 2.5배 정도로 풀어 롱테일 방식으로 15 코를 만든다.
1단 모두 겉뜨기한다. 반복해서 남은 11단을 뜨고 코막음한다.

패치 담요 만드는 방법

같은 색상의 사각패치가 대각선으로 서로 대칭을 이루도록 2행 2열로 배치한다. 위에 놓인 두 개의 사각패치가 만나는 수직선을 따라 실 끝 쪽의 실로 메리야스 잇기하여 연결하고 동일한 방법으로 아래에 놓인 두 사각패치도 연결한다. 위와 아래에 놓인 한 쌍의 사각패치가 만나는 수평선을 따라 실 끝 쪽의 실로 이어 연결해 주고 남은 실은 편물 안으로 엮어 넣어 마무리한다.

TIP!

작은 편물을
이어주기할 때는
너무 두툼하게 되지 않도록
실은 두 가닥만 사용해
이어주기해 준다.

TIP!

이 가방처럼
네 가닥의 실을 합쳐서 사용할 때에는
각각의 타래를 풀어서
네 개의 타래를 다시 만드는 대신
실타래 바깥쪽의 실 끝과
실타래 중앙에서 뽑아낸 실 끝을
동시에 사용할 수 있다.

투톤 토트백
two-tone tote

암니팅으로 만들 수 있는 활용도가 높은 투톤 토트백을 소개한다.
쉽게 만들어 쇼핑백으로 활용이 가능해 식료품점이나
마트에서 비닐봉투 대용으로 사용하면 좋은 생활 아이템이다.

재료
- 카티아 코튼 코드(Katia Cotton Cord) 초극태사(면 100%, 1볼100g, 약 50m)
- A-59번 색상 2볼
- B-63번 색상 2볼

완성 크기
- 약 가로 50cm(가방 바닥 기준) × 세로 84cm(가방끈 포함)

작업 시간
- 한 시간 정도면 완성

암니팅 방법
가방의 앞판과 뒤판 뜨기
A실 네 가닥을 합쳐서 팔 길이의 2배를 풀어낸 다음, 롱테일 방식으로 10코를 만든다.

- 1~4단: 모든 코를 겉뜨기한다.
- 5단: 코 줄이기 한 뒤 단 끝까지 겉뜨기한다(9코).
- 6단: 겉뜨기하다가 2코가 남았을 때 코를 줄인다(8코).
- 7단: 코 줄이기 한 뒤 단 끝까지 겉뜨기한다(7코).
- 8단: 겉뜨기하다가 2코가 남았을 때 코를 줄인다(6코).
- 9단: 코 줄이기 한 뒤 단 끝까지 겉뜨기한다(5코).
- 10단: 겉뜨기하다가 2코가 남았을 때 코를 줄인다(4코).
- 이어서 여섯 단을 겉뜨기하고, 코막음한다.
- 같은 방법으로 B실로 뒤판을 만든다.

토트백 만드는 방법
두 편물의 앞면이 보이도록 펼친 상태에서 단이 짧은 쪽을 서로 맞대어 메리야스 잇기로 연결하면 가방끈이 만들어진다. 남은 실은 편물 안으로 엮어 넣고, 편물의 양 옆단과 아랫단을 매트리스 잇기로 연결해 주고 남은 실을 엮어 넣으며 마무리한다(22쪽 참고).

 응용해 만들기
그물망 무늬의 토트백을 한 면에 한 색상을 사용해서 만들었지만, 같은 색상의 실을 네 볼로 나누어 두 면 모두 동일한 색을 사용하거나 양면 모두 서로 다른 색상의 실을 합쳐서 뜨면 또 다른 느낌의 토트백이 된다.

꽈배기 무릎 담요
twisted stitch lap blanket

독특한 짜임의 무릎담요를 암니팅으로 만들어
포근하게 감싸 안아보자. 손쉽게 뜰 수 있는 이 담요는
빗줄무늬 띄기 기법으로 꽈배기 모양이
멋스럽게 나오는 것이 특징이다.

재료
- 로언 빅 울(Rowan Big Wool) 극태사(메리노 울 100%, 1볼 100g, 약 80m)
- 번트 오렌지(051) 8볼

완성 크기
- 약 가로 102cm × 세로 153cm

작업 시간
- 세 시간 정도면 완성

암니팅 방법

네 가닥의 실을 합쳐서 팔 길이의 4배를 풀어낸 다음 20코를 만든다.

- 1단 : 겉뜨기 2코, 안뜨기 16코, 겉뜨기 2코.
- 2단: 겉뜨기 2코, 안뜨기 4코. 이렇게 뜨면 경계선이 만들어진다. 다음 4코를 뜨지 않고 왼팔에서 오른손 엄지로 옮겨 끼운다. 오른쪽 엄지에 4코를 끼워 둔 상태에서 왼팔에 감긴 다음 4코를 오른팔로 옮기며 뜬다. 오른팔로 옮기며 뜬 코들이 풀리지 않도록 하려면, 엄지에 끼워 둔 코를 오른손 엄지에서 왼손 엄지로 또는 반대로 몇 번 옮겨야 한다. 오른손 엄지에 끼워 둔 코의 방향을 바꾸지 않고 그대로 왼팔에 옮겨 뜬다. 4코를 안뜨기한 뒤 남은 2코는 겉뜨기한다.
- 3단: 겉뜨기 2코, 안뜨기 4코, 겉뜨기 8코, 안뜨기 4코, 겉뜨기 2코
- 위 방법대로 2단과 3단을 뜨면 꽈배기 무늬가 생긴다. 2단과 3단과 동일한 방법으로 13번을 더 반복해서 뜬다.
- 다음 단: 2단과 동일한 방법으로 뜬다.
- 다음 단: 겉뜨기 2코, 안뜨기 16코, 겉뜨기 2코.
- 코막음하고 실 끝의 실을 편물 안으로 엮어 넣어 깔끔하게 마무리한다.

 응용해 만들기

콧수를 두 배로 늘려 더 큰 담요를 만들자. 이때 충분한 실을 먼저 준비하고 매단마다 빗줄무늬 뜨기를 두 번 더 반복하는 방법으로 뜨면 된다.

TIP!

엄지에 끼워 둔 코를
팔로 되돌려 놓을 때에는 반드시
코의 방향이
바뀌지 않은 상태에서
코뜨기를 진행해야 한다.

방울 전등갓 커버
pom pom lampshade cover

방울 장식이 달린 발랄한 느낌의 니트 커버로
탁상용 전등에 새로운 느낌을 주자.

재료
- 카티아 빅 리본(Katia Big Ribbon) 패브릭 얀(면 50%, 폴리에스테르 50%, 1볼 200g, 약 72m)
- 22번 색상 1볼
- 핑크 계열의 방울 장식 65cm
- 강력 접착제나 글루건

완성 크기
- 약 19cm의 갓에 씌울 수 있는 크기

작업 시간
- 오후 반나절이면 완성

암니팅 방법

팔 길이 1. 5배 정도의 실을 풀어서 7코를 만든다.
겉뜨기로 10단을 뜨고, 코막음한다.

전등갓 커버 만드는 방법

첫 단과 끝단을 맞대어 실 끝 쪽의 실로 메리야스 잇기하여 연결하고 전등갓 아래쪽에 방울 장식이 달랑거릴 수 있도록 글루건이나 강력 접착제를 이용해 전등갓 하단의 테두리를 빙 두르며 장식을 붙인다. 전등갓에 커버를 씌운 뒤, 접착제를 군데군데 조금씩 발라 커버를 고정해주며 마무리한다.

 응용해 만들기
더 큰 사이즈의 전등갓 커버를 만들려면 콧수와 단수를 늘려주기만 하면 된다.

TIP!

니트 종류로 만든 커버를
전등갓에 씌울 때에는
화재의 위험을 피하기 위해
뜨개실이 전구와
직접 닿지 않도록 주의하며
고정시킨다.

TIP!

겉뜨기와 안뜨기를 반복할 때
순서를 혼동하지 않으려면,
이전 단의 코가
겉뜨기인지, 안뜨기인지를
확인하며
뜨개질하면 된다.

멍석무늬 덮개
seed stitch throw

겉뜨기와 안뜨기를 번갈아 하는 멍석무늬로 암니팅하면
편물의 질감을 살릴 수 있다.
포근한 감촉의 멍석무늬 덮개는 몇 시간이면 쉽게 만들 수 있으며,
침대나 아끼는 의자에도 잘 어울릴 것이다.

재료
- 라이온 브랜드 홈타운 USA(Lion Brand Hometown USA) 초극태사(아크릴 100%, 1볼 113g, 약 59m)
- A-샤이엔 와일드 아이리스(213) 6볼
- 라이온 브랜드 홈타운 씩&퀵(Lion Brand Hometown Thick & Quick) 초극태사(아크릴 88%, 폴리에스테르 12%, 1볼 227g, 약 146m)
- B-도브(437) 3볼

완성 크기
- 약 가로 106.5cm × 세로 178cm

작업 시간
- 두 시간 정도면 완성

암니팅 방법

A실 두 가닥과 B실 한 가닥, 모두 세 가닥의 실을 합쳐 팔 길이 4배 이상의 실을 풀어 롱테일 방식으로 22코를 만든다.

- 1단: 단 끝까지 겉뜨기 1회, 안뜨기 1회를 반복하여 멍석 뜨기를 한다.
- 동일한 방법으로 33단, 혹은 172.5cm을 더 뜨고 코막음한 후, 처음과 끝단에 있는 자투리 실을 편물 안으로 엮어 넣어 깔끔하게 마무리한다.

 응용해 만들기

덮개를 만들 때 새로운 시도를 하고 싶다면 무게는 같지만 색상은 다른 실로 각 단을 번갈아 뜨며 줄무늬를 만들어 보자.

리본 찻주전자 커버

tea cozy

암니팅으로 만든 귀여운 찻주전자 커버로
세련된 테이블 세팅을 준비해 보자.

재료
- 서다 키코(Sirdar Kiko) 초극태사(울 51%, 아크릴 49%, 1볼 50g, 약 40m)
- 더플(410) 2볼
- 리본 76cm

완성 크기
- 6인용 찻주전자에 적합한 크기

작업 시간
- 한 시간 정도면 완성

암니팅 방법

세 가닥의 실을 합쳐서 팔 길이만큼 풀어낸 다음, 롱테일 방식으로 5코를 만든다.
5단을 겉뜨기한 다음 코막음한다.
동일한 방법으로 두 번째 면도 만든다.

찻주전자 커버 만드는 방법

두 편물의 뒷면끼리 맞대고 양측 옆면 하단 두 코만 메리
야스 잇기로 연결한 후, 실 끝을 편물에 엮어 넣으며 마무
리한다. 양측 옆면 상단은 한 코씩만 꿰매어 생기는 틈 사
이로 주전자의 주둥이와 손잡이를 빼내고 실 끝을 편물에
엮어 넣으며 마무리한다.

리본 끈을 코 사이사이로 엮어 넣고 끈을 당겨 찻주전자
커버의 상단을 모아 리본을 묶는다. 리본의 끝부분은 올
풀림이 없도록 라이터를 이용해 깔끔하게 처리한다.

응용해 만들기

새틴 리본 대신 레이스 끈을 사용해 좀더 여성스러운 느낌을 더할 수도 있다.

TIP!

뜨개질을 시작하기 전에
실타래 하나를
세 개의 실타래로 나눠두면
훨씬 쉽고
빠르게 작업할 수 있다

바구니무늬 쿠션
woven pillow

대조적인 색상의 실을 사용하여 편물 안팎으로 엮어 넣으면 아담하고 다채로운 색상의 쿠션을 만들 수 있다.

재료
- 라이온 브랜드 홈타운 USA(Lion Brand Hometown USA) 초극태사(아크릴 100% 1볼 142g, 약 74m)
- A-샬롯 블루(107) 2볼
- B-데이토나 레몬(157) 1볼
- C-시애틀 씨 미스트(144) 1볼

- 쿠션 솜 (가로 38cm × 세로 38cm)

완성 크기
- 약 가로 40cm × 세로 40cm

작업 시간
- 세 시간 정도면 완성

암니팅 방법

쿠션 커버
A실을 네 가닥으로 합쳐 팔 길이의 2배로 풀어낸 다음, 롱테일 방식으로 9코를 만든다.
1단 모두 겉뜨기한다. 1단과 동일한 방법으로 반복해서 17단을 더 뜨거나 쿠션 솜을 감싸기에 넉넉한 넓이만큼 뜨고 코막음한다.

핑거니팅한 편물로 포인트 주기
B실로 91.5cm를 네 손가락 핑거니팅하고 살짝 당겨 코막음한다. 같은 방법으로 세 개의 끈을 더 만든다. C실로 91.5cm 끈을 위와 같은 방법으로 세 개의 끈을 만든다. 이렇게 하면, B실로 만든 91.5cm 길이의 뜨개끈 네 가닥과 C실로 만든 91.5cm 길이의 뜨개끈 세 가닥이 완성된다.

만드는 방법

암니팅한 편물로 쿠션 솜 전체를 둘러싼 뒤 실 끝 쪽의 실로 옆면과 아랫부분을 메리야스 잇기로 연결하고 남은 자투리 실은 편물 안으로 엮어 넣어 마무리한다. 쿠션의 아래 쪽부터 가로 방향으로 가로지르며 B실로 만든 끈을 편물에 위와 아래로 반복하며 통과시켜 엮어준다. 쿠션을 뒤집어 뒷면도 동일한 방법으로 엮고, 끈의 양 끝이 만나면 실 끝 쪽의 실로 이어준다. B실로 만든 끈을 엮는 작업이 끝났으면 이번에는 C실로 만든 끈을 편물 커버에 엮어 넣자. 이때, 이전 단에서 B끈이 편물 아래를 지났으면 C끈은 위를 지나고, 반대로 B끈이 편물 위를 지났으면 C끈은 아래를 지나도록 엮는다. 쿠션을 뒤집어 뒷면도 동일한 방법으로 작업한 뒤, 끈의 양끝이 만나면 실 끝 쪽의 실로 이어준다. 끈의 색상과 엮어 넣는 위치를 번갈아 바꿔가면서 같은 방법으로 반복하여 쿠션 전체를 엮는다.

 응용해 만들기
> 콧수와 단수만 늘이거나 줄여도 다양한 크기의 쿠션 커버를 만들 수 있다. 이때 정확한 치수로 만들려면 한 단씩 완성할 때마다 뜨던 편물을 쿠션에 대고 치수를 재어 몇 단을 더 떠야할지 가늠하며 뜨면 된다.

TIP!

네 가닥의 실을 합쳐서 사용하려면,
실을 같은 분량의 실타래 네 개로
나누거나 네 개의 실타래에서 양 실 끝을
동시에 풀어서 네 가닥으로 합치고
하나의 실타래에서 두 개의 실을 뽑아
쓰려면 실타래 바깥쪽에 있는 실과
실타래 중심에 있는 실 끝을
끌어내어 합쳐 사용하면 된다.

TIP!

주머니의 크기는 담요를
두 번 접은 상태에서 잼 표면적을
덮을 수 있어야 하기 때문에 담요를
반으로 접고 다시 반으로 한번 더 접은
크기와 주머니의 크기를 거듭 확인하자.
담요를 접어 베개로 만들려면,
담요의 양쪽을 중앙으로 모아 접고,
다시 반으로 접어 주머니로
끌어 넣으면 된다.

여행용 담요

travel blanket

이번에 소개하는 담요는 여행용으로 유용한 아이템이다.
담요 전체를 접어 넣을 수 있는 주머니를 함께 만들어
접힌 담요는 편안한 베개로 사용할 수 있으니 일석이조의
아이템이다.

재료

- 서다 패로(Sirdar Faroe) 초극태사(메리노 울 100%,
  1볼 50g, 약 43m)
- A-매도우(0398) 6볼
- 로언 빅 울(Rowan Big Wool) 극태사(메리노 울 100%,
  1볼 100g, 약 80m)
- B-콘크리트(061) 4볼

완성 크기

- 약 가로 101.5cm × 세로 127m

작업 시간

- 세 시간 정도면 완성

암니팅 방법

담요 뜨기

A실 두 가닥과 B실 두 가닥을 합쳐서 모두 네 가닥의 실을 만든다. 팔 길이의 4배를 풀어 롱테일 방식
으로 20코를 만든다. 24단을 겉뜨기하고, 코막음한다.

주머니 뜨기

B실 두 가닥을 합쳐서 팔 길이의 3배를 푼 다음, 롱테일 방식으로 15코를 만든다.
9단을 겉뜨기하고, 코막음한다.

담요 만드는 법

담요의 뒷면이 보이도록 펼쳐 놓은 상태에서, 하단 중앙에 주머니용으로 짠 편물도 뒷면이 보이도록
놓는다. 이때 주머니의 첫 단과 담요의 첫 단이 만나게 놓고 실 끝 쪽의 실로 주머니의 두 옆단과 밑단
을 담요의 코와 코 사이에 꿰매어 붙인다. 주머니의 윗단은 담요의 중앙을 바라보게 하고 꿰매지 않고
그대로 둔다.

 응용해 만들기

콧수와 단수를 늘리면 더 큰 담요를 만들 수 있다. 단, 담요의 크기가 커지면 주머니의 크기도 커져야 한다는
사실을 잊지 말자.

암니팅으로 만드는
니트웨어

TIP!

짧은 단의 솔기를 꿰맬 때에는
편물의 두 끝을 평평한 표면에 두고
맞대야 한다. 이렇게 하면,
메리야스 잇기를 할 때
통과해야 할 코가 더욱 잘 보여서
두 끝단을 꼼꼼하고 단정하게
이을 수 있다.

넥워머

infinity scarf

오후에 떠서 저녁에 바로 두르고 나갈 수 있는 넥 워머를 소개한다.
서로 다른 종류의 실을 섞어 독특하면서도 멋진 편물을 완성한 뒤,
끝을 이어주기만 하면 고리 모양으로 만들어진다.

재료
- 로언 빅 울(Rowan Big Wool) 초극태사(메리노 울
  100 %, 1볼 100g, 약 80m)
- A-버트(054) 2볼
- 로언 씩&씬(Rowan Thick 'n' Thin) 초극태사(울
  100%, 1볼 50g, 약 50m)
- B-배솔트(00962) 2볼

- 스킬 바늘

완성 크기
- 고리 모양을 만들기 전 약 120cm

작업 시간
- 한 시간 정도면 완성

암니팅 방법

A실 두 가닥과 B실 두 가닥, 모두 네 가닥의 실을 팔 길이
의 2배로 푼 다음 롱테일 방식으로 8코를 만든다. 27단을
뜬 후 코막음한다.

넥 워머 만드는 방법

끝 쪽의 실을 사용하여 길이가 짧은 양 끝단을 메리야스 잇
기 방법으로 이어주면 넥워머의 고리가 만들어진다. 이때,
편물이 꼬인 상태로 꿰매지 않도록 주의한다.
자투리 실을 편물 안으로 엮어 넣으며 마무리한다.

응용해 만들기

더 많은 양의 실을 사용해 넥 워머의 고리를 더 길게 만들어 다양하고 멋스럽게 활용해 보자. 또는 동일한 실
네 가닥을 합쳐서 만들면 단순하면서도 깔끔한 느낌의 넥 워머도 만들 수 있다.

패트릭 얀으로 뜬 볼레로
t-shirt yarn bolero

여름 원피스 위에 걸쳐 입기에 좋은 볼레로를 암니팅으로 쉽게 만들어 보자.
겉뜨기와 안뜨기를 교차하는 방식으로 만들면 질감이 더욱 풍부해진다.

재료
- 위 아 니터스 패브릭 얀(We Are Knitters Fabric Yarn)
  패브릭 얀(패브릭 얀 혹은 재활용 원단실 100% , 1볼
  당 400g)
- 터키즈 1볼

완성 크기
볼레로의 대략적인 치수는 다음과 같다.
- Small – 55
- Medium – 66
- Large – 77

작업 시간
- 두 시간 정도면 완성

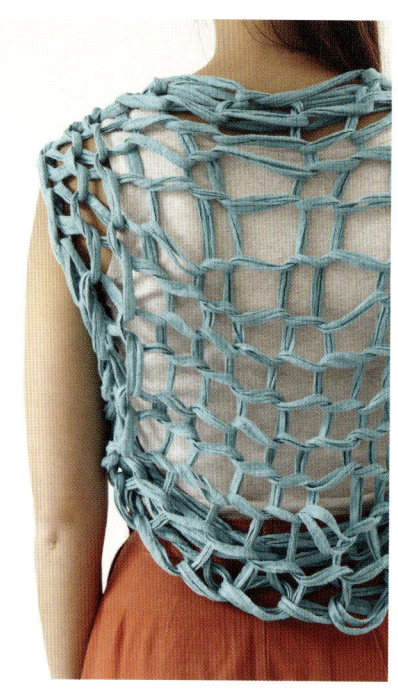

암니팅 방법

두 가닥의 실을 합쳐서 치수에 따라 팔 길의 2.5(2.5~3배
정도)배를 푼 다음 12(14,16)코를 만든다.

- 1단–2단: 모두 안뜨기한다.
- 3단: 안뜨기 2, 겉뜨기 8(10, 12), 안뜨기 2
- 3단을 반복해서 7(9,11)단을 더 뜬다.
- 다음 두 단은 모두 안뜨기하고 코막음한다.

볼레로 만드는 방법

편물의 뒷면이 보이도록 펼쳐 놓은 상태에서, 길이가 긴
두 끝단을 맞춘 뒤 반으로 접는다. 실 끝 쪽의 실로 메리
야스 잇기하여 두 팔의 소매 부분 중 세 단을 연결하고,
자투리 실을 엮어 넣어 마무리한다. 흘러내린 실 끝을 엮
어 넣어 마무리한다.

 응용해 만들기

패브릭 얀이나 티셔츠 원단실에 부드럽고 보송보송한 모헤어 소재의 실을 섞어서 뜨면 볼레로의 색감이 더
욱 여성스러워진다.

TIP!

암니팅에서
게이지를 정하기는 어렵지만,
콧수와 단수를 늘리거나 줄이는
것만으로 원하는 크기를 만들 수 있다.
신체별 치수는 작은 순서부터
차례대로 괄호 안에 표기했으며,
치수에 관계없이 착용할 수 있는
경우에는 한 치수만
표기했다.

백 스타일의 핸드 워머
hand-warmer muff

세련되면서도 장난기가 묻어나는 뜨개실로 가방 스타일의
핸드 워머를 만들어 보자.

재료
- 라이온 브랜드 이매진(Lion Brand Imagine) 초극태사
  (아크릴 40%, 울 30%, 나일론 30%, 1볼 40g, 약 7m)
- A-퍼플 헤이즈(314) 3볼
- 라이온 브랜드 홈스펀 씩&퀵(Lion Brand Homespun
  Thick & Quick) 초극태사(아크릴 88%, 폴리에스테
  르 12%, 1볼 227g, 약 146m)
- B-도브(437) 1볼

- 라이온 브랜드 펀 퍼(Lion Brand Fun Fur) 극태사
  (폴리에스테르 100%, 1볼 50g, 약 58m)
- C-아이보리(98) 1볼

완성 크기
- 약 25cm

작업 시간
- 오후 반나절이면 완성

암니팅 방법

토시 겉감

A실을 팔 길이의 2배를 풀어 8코를 만든다. 9단을 겉뜨기한 후 코막음한다. 코막음 후 실타래 끝의 실
이 약 245cm 정도 남기고 옆면을 메리야스 잇기로 연결한 후 남은 실은 끈을 만들 때 사용한다.

안감

B실 두 가닥과 C실 두 가닥, 모두 네 가닥을 합쳐서 팔 길이의 2배를 풀어 롱테일 방식으로 10코를
만든다. 8단을 겉뜨기하고 코막음한다.

핸드 워머 만드는 방법

겉감과 안감의 뒷면을 맞대고, 안감을 뜨고 남은 실 끝의 실로 안감과 겉감의 양 끝단(더 짧은 단)을
차례대로 연결한다. 겉감과 안감 옆면이 모두 꿰매어지도록 겉감을 뜨고 남은 실로 옆면을 메리야스
잇기로 연결한다. 손을 넣는 양쪽 구멍 밖으로 안감에 댄 털이 나올 것이다. 남은 실 끝 쪽의 실을 세
줄이 되도록 만든 후, 땋아서 목 끈을 만들고 반대쪽에 연결해 가방끈 모양이 나오도록 위치를 잡은
후, 풀리지 않도록 단단히 매듭지어 마무리한다.

응용해 만들기
조금 더 세련된 느낌을 주려면 C실 대신 묵직한 B실을 사용해 보자.

TIP!

C실이 꼬이지 않게 하려면,
반드시 하나의 실타래를
동일한 분량의
두 실타래로 나눈 다음에
뜨개질을 시작해야 한다.

TIP!

실 끝을 엮어 넣으며 솔을 손질할 때,
사용한 실 한 가닥을
더욱 가늘게 풀어 사용하여
거의 보이지 않을 만큼
작은 매듭을 만들어주면
한결 단정하게
마무리할 수 있다.

라즈베리 물결무늬 숄

raspberry ripple shawl

두 코를 모아 뜨기로 코를 줄이는 방법만 알면 암니팅으로 편물의 모양을 다양하게 바꿀 수 있다. 이번 작품을 통해서는 편물의 첫 단부터 끝단까지 코를 줄여서 끝이 뾰족한 삼각 모양의 숄을 만드는 방법을 배워볼 것이다.

재료	완성 크기
● 카티아 산시바르(Katia Zanzibar) 초극태사(아크릴 100%, 1볼 100g, 약 50m) ● 0084번 색상 4볼 ● 스킬 바늘	● 숄의 윗부분 둘레 약 150cm **작업 시간** ● 한 시간 정도면 완성

암니팅 방법

네 가닥의 실을 합쳐서 팔 길이의 3.5~4배를 푼다.
롱테일 방식으로 24코를 만든다.

- 1단: 모두 겉뜨기 (24코)
- 2단: 코줄이기, 마지막 2코 남기고 겉뜨기, 코줄이기 (22코)
- 3단: 코줄이기, 마지막 2코 남기고 겉뜨기, 코줄이기 (20코)
- 4단: 코줄이기, 마지막 2코 남기고 겉뜨기, 코줄이기 (18코)
- 5단: 코줄이기, 마지막 2코 남기고 겉뜨기, 코줄이기 (16코)
- 6단: 코줄이기, 마지막 2코 남기고 겉뜨기, 코줄이기 (14코)
- 7단: 코줄이기, 마지막 2코 남기고 겉뜨기, 코줄이기 (12코)
- 8단: 코줄이기, 마지막 2코 남기고 겉뜨기, 코줄이기 (10코)
- 9단: 코줄이기, 마지막 2코 남기고 겉뜨기, 코줄이기 (8코)
- 10단: 코줄이기, 마지막 2코 남기고 겉뜨기, 코줄이기 (6코)
- 11단: 코줄이기, 마지막 2코 남기고 겉뜨기, 코줄이기 (4코)
- 12단: 코줄이기, 마지막 2코 남기고 겉뜨기, 코줄이기 (2코)
- 13단: 코줄이기(1코)

실타래 끝의 실에 통과시켜 잡아당겨서 풀리지 않도록 코막음한다. 실 끝을 편물 안으로 엮어 넣어 깔끔하게 마무리한다.

 응용해 만들기

장식용 숄 옷핀을 사용하면 어깨에 걸친 숄을 손쉽게 고정할 수 있다. 더 큰 숄을 뜨려면 뜨개실을 2볼에서 4볼 정도를 더 준비하고 콧수도 더 늘리면 된다. 콧수를 2의 배수로 늘린 다음, 제시한 방법대로 콧수를 줄여나가면 된다.

간편한 랩조끼
simple wrap gilet

짜임이 가장 단순하여 암니팅을 처음 접하는 초보자도
금방 만들어 입을 수 있는 조끼를 소개한다.

재료
- 로언 빅 울(Rowan Big Wool) 초극태사(메리노 울 100%, 볼 100g, 약 80m)
- 콘크리트(061) 5(6, 7)볼
- 솔 핀 (선택 사항)

완성 크기
솔의 대략적인 치수는 다음과 같다.
- Small – 55
- Medium – 66
- Large – 77

작업 시간
- 오후 한나절이면 완성

암니팅 방법

뒤판
네 가닥의 실을 합쳐서 팔 길이의 2배를 풀어 롱테일 방식으로 7(9, 11)코를 만든다.
16(18, 20)단을 겉뜨기하고, 코막음한다.

옆판 (2장 만들기)
네 가닥의 실을 합쳐서 팔 길이의 1~1.5배 정도 푼 다음, 롱테일 방식으로 3(5, 7)코를 만든다.
16(18, 20)단을 겉뜨기하고, 코막음한다.

랩 조끼 만드는 방법

뒤판과 두 옆판의 앞면이 보이도록 펼쳐 놓은 다음, 차례대로 옆단끼리 맞대어 놓고, 코막음한 단에서 위로 올라가며 31(32, 33cm)정도 메리야스 잇기 방법으로 꿰매어 옆단 아랫부분을 연결한다. 그런 다음, 코잡기한 단에서 아래로 내려가며 25(26, 27cm)만큼 꿰매어 옆단 윗부분을 연결한다. 두 번째 옆판도 같은 방법으로 뒤판과 연결한다. 실타래 끝의 실은 모두 편물 안으로 엮어 넣어 마무리한다.

 응용해 만들기
더 가벼운 느낌의 랩 조끼를 원한다면 실의 가닥수를 줄여서 짜임이 더욱 느슨하고 헐렁하게 만들자. 옷을 더 크거나 작게 만들어 자신의 신체 치수에 맞추려면 콧수와 단수를 늘리거나 줄이면 된다.

TIP!

신체별 치수는
작은 순서부터 차례대로
괄호 안에 표기했다.
치수에 관계없이
착용할 수 있는 경우에는
한 치수만 표기했다.

후드 목도리

hooded scarf

보송보송한 꼬임실로 암니팅하여 약간의 부분을 살짝 꿰매기만 하면,
모자를 잃어버릴까봐 걱정하지 않아도 되는 후드 목도리를 만들 수 있다.

재료
- 라이온 브랜드 홈스펀(Lion Brand Homespun) 극태
  새(아크릴 98%, 폴리에스테르 2%, 1볼 170g, 약
  169m) 셰이커(301) 2볼

완성 크기
- 후드의 가장 윗 부분에서 목도리의 한 쪽 둘레를 잰
  길이는 112cm

작업 시간
- 두 시간 정도면 완성

암니팅 방법

실을 여섯 타래로 나눈다. 여섯 가닥의 실을 합쳐서 팔
길이의 1.5배를 풀어 롱테일 방식으로 7코를 만든다.
44단을 겉뜨기하고, 코막음한다.

후드 목도리 만드는 방법

편물을 반으로 접어 짧은 두 단 끝이 평행을 이루게 하
고, 접은 부분 중 한 쪽만 세 단을 꿰매어 후드가 되도
록 만들고 실을 잘라낸다. 자투리로 나와 있는 실들은
편물 안으로 엮어 깔끔하게 정리하고 마무리 한다.
이때, 같은 실을 사용해 수술을 만들어 달아주면 더욱
멋스럽다. 수술 부분은 사용한 실을 짧게 여러 번 감고
긴 실로 한쪽을 단단히 묶어준 후, 반대쪽 짧은 실들을
가위로 끝 정리를 해주어 수술을 만든 후 길게 땋은 실
과 함께 후드 끝 부분에 연결해주면 달랑거리는 술 장
식이 된다.

 응용해 만들기

더욱 두툼하고 질감이 풍부한 목도리를 원한다면 멍석 뜨기로 목도리를 뜬 다음, 위에서 제시한 방법대로 만들
면 된다.

다용도 멀티 버튼 목도리

multi-wear button scarf

큼직한 크기의 단추를 여러 개 달아
다양한 스타일을 연출할 수 있는 개성 넘치는
목도리를 소개한다.

재료
- 데비 블리스 팔로마(Debbie Bliss Paloma) 조극태사(베이비 알파카 60%, 메리노 울 40%, 1볼 50g, 약 65m)
- 제이드(28) 2볼
- 큰 우드 단추 4개
- 스킬 바늘

완성 크기
- 약 140cm

작업 시간
- 한 시간 안이면 완성

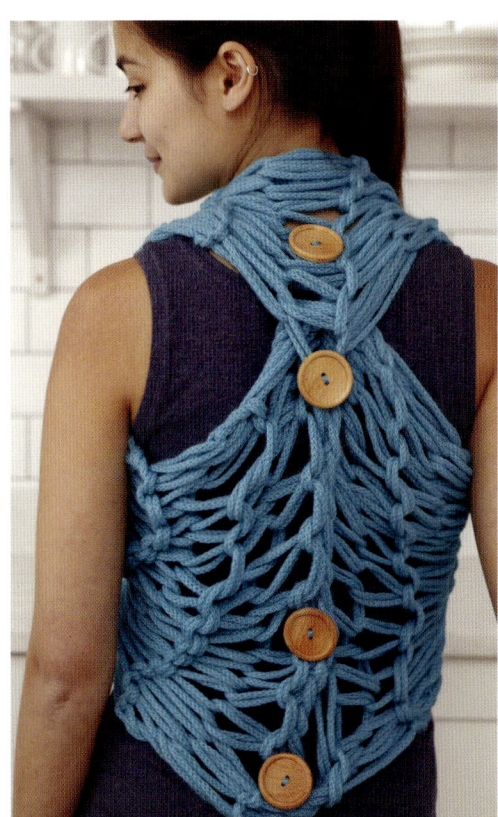

암니팅 방법

두 가닥의 실을 합쳐서 팔 길이의 2.5배를 푼 다음, 롱테일 방식으로 12코를 만든다.

- 1단: 모두 안뜨기한다.
- 2단: 모두 겉뜨기한다.
- 1단과 2단을 10번 반복하고, 코막음한다.

코막음한 단을 따라 동일한 간격으로 단추를 달고 남은 실들은 스킬 바늘이나 손으로 엮어 넣으며 깔끔하게 정리한다.

TIP!

실타래 1-2볼
더 준비해서 같은 방법으로
이어나가면 더 길게
만들 수 있다.

패션 망토
stylish capelet

이번에 소개하는 어깨 망토는 서늘함을 느낄 때 어깨에 둘러주면
좋은 아이템으로 더욱 여성스러운 스타일을 강조해 준다.

재료
- 파이버스페이츠 스크럼셔스 아란(Fyberspates Scrumptious Aran) 병태사(실크 45%, 메리노 울 55%, 1볼 100g, 약 165m)
- A-로즈 핑크(408) 3~4볼
- B-워터(403) 1볼

완성 크기
- Small-55
- Medium-66
- Large-77

작업 시간
- 오후 반나절이면 완성

암니팅 방법

망토
A실을 네 개의 실타래로 나누고 네 가닥의 실을 합쳐 팔 길이의 3.5(4)배를 풀어 24(26, 28)코를 만든다.
- 1단과 2단 모두 겉뜨기한다(가장 큰 치수를 만들 때에는 모든 단의 코를 줄이지 말고 28코로 모두 겉뜨기한다).
- 3단 처음과 끝만 코 줄이고 겉뜨기한다. [22(24, 26)코]
- 4단 모두 겉뜨기한다.
- 5단 처음과 끝만 코 줄이고 겉뜨기한다. [20(22, 24)코]
- 6단과 7단(6,7,8단, 6,7,8,9단) 모두 겉뜨기한다.
- 8단(9단,10단) 처음과 끝만 코 줄이고 겉뜨기한다. [18(20, 22)코]

칼라 부분
1단, 2단 모두 안뜨기하고 코막음한다(가장 큰 치수를 만들 때에도 모두 안뜨기한다).

끈
B실을 두 가닥으로 합쳐 네 손가락 핑거니팅으로 220cm를 뜬 뒤 코막음한다.

어깨 망토 만드는 방법

앞면이 보이도록 펼친 상태에서 끈을 안뜨기한 첫 단을 따라 앞코와 뒤코를 차례로 통과하며 엮어 넣어주고 각각 부분의 남은 실들은 엮어 넣어 깔끔하게 마무리한다. 칼라 부분을 끈 위쪽으로 접어 넘기고 끈을 살짝 당겨 가슴 쪽에서 묶어주면 된다.

 응용해 만들기
하늘하늘한 느낌의 망토 대신 더욱 도톰하고 포근한 망토를 만들고 싶다면 두꺼운 뜨개실을 사용하거나 동일한 실을 몇 가닥 더 합쳐서 만들어 보자.

TIP!

신체별 치수는
작은 순서부터 차례대로
괄호 안에 표기했다.
치수에 관계없이
착용할 수 있는 경우에는
한 치수만 표기했다.

패션 두건
fashion cowl

일반 목도리처럼 목을 둘러 주거나 머리 위로 가볍게 뒤집어 올려
후드 스타일로 착용할 수도 있고, 머리 전체를 감싸 따뜻한 터번으로도
사용할 수 있는 패셔너블한 두건을 만들어 보자.

재료
- 라이온 브랜드 홈스펀(Lion Brand Homespun) 극태사
  (아크릴 98%, 폴리에스테르 2%, 1볼 170g, 약 169m)
- A-세이커(301) 1볼
- 라이온 브랜드 유니크(Lion Brand Unique) 극태사
  (아크릴 100%, 1볼 170g, 약 100m)
- B-하비스트(200) 1볼

완성 크기
- 원둘레는 약 127cm, 폭은 53cm로 가장 많이 늘이면 63.5cm가 된다.

작업 시간
- 한 시간 정도면 완성

암니팅 방법

A실 두 가닥과 B실 두 가닥, 모두 네 가닥의 실을 합쳐서 팔 길이만큼 푼 다음 롱테일 방식으로 4코를 만든다.

- 1-4단: 모두 겉뜨기한다.
- 5단: 코늘리기, 겉뜨기1, 코늘리기 (5코)
- 6단: 모두 겉뜨기한다.
- 7단: 코늘리기, 겉뜨기3, 코늘리기 (7코)
- 8-16단: 모두 겉뜨기한다.
- 17단: 코줄이기, 겉뜨기3, 코줄이기(5코)
- 18단: 모두 겉뜨기한다.
- 19단: 코줄이기, 겉뜨기1, 코줄이기(3코)
- 20-23단: 모두 겉뜨기하고, 코막음한다.

두건 만드는 방법

앞면이 보이도록 펼친 상태에서 평행을 이루도록 맞대어 반으로 접고 메리야스 잇기로 연결한 후 남은 실 끝을 엮어 넣고 깔끔하게 마무리한다.

 응용해 만들기
퍼 느낌의 뜨개실을 한 두 가닥 추가해 만들면 포근하면서도 고급스러운 느낌으로 연출 가능하다.

TIP!

코 늘리기와
코 줄이기를 사용해서
두건을 만들 수 있다.
자세한 방법은
15쪽을 참고하자.

TIP!

비니는 머리 크기에 맞게
늘어나므로 편물을 계속 머리에
씌어보면서 만들어야 한다.
더 크게 만들고 싶다면 계속
치수를 확인하고 콧수와
단수를 늘리면 된다.

초간단 비니
quick beanie hat

적은 양의 실만으로도 개성 있고 편안한 비니를 금세 만들 수 있다.

재료
- 로완 빅 울(Rowan Big Wool) 극태사(메리노 울 100%, 1볼 100g, 약 80m)
- A─콘크리트(061) 1볼
- 로완 리마 울(Rowan Lima Wool) 병태사(베이비 알파카 84%, 메리노 울 8%, 나일론 8%, 1볼 50g, 약 110m)
- B─마추피추(885) 1볼

완성 크기
- 원둘레는 약 50cm

작업 시간
- 한 시간 안에 완성

암니팅 방법
A실 두 가닥과 B실 세 가닥을 합쳐서 팔 길이의 1.5배 정도를 풀어 롱테일 방식으로 7코를 만든다.
8단을 겉뜨기하고, 코막음한다.

비니 만드는 방법
모자를 반으로 접어 반듯하게 놓고 메리야스 잇기하여 양쪽 옆선을 연결한다.
착용하기 좋도록 윗부분 양쪽 끝을 바깥쪽으로 당겨 살짝 늘린 다음 비니 모양으로 잡아준다.

 응용해 만들기
여러 색상의 실을 다양하게 섞어 화사하면서도 밝은 계열의 맞춤 비니를 여러 개 만들어 보자.

핑거니팅으로 만드는
인테리어 소품

TIP!

바느질 할 때 끈이
꼬이지 않게 해야 깔끔하게
완성할 수 있으므로 핑거니팅 한 끈이
늘 직선을 유지하도록
신경 써서 작업하자.
또한 작품의 앞면에 바늘땀이
보이지 않도록 끈의 중앙을
통과하며 바느질하는 것도
잊지 말자.

티 매트 세트
tea-time table set

핑거니팅으로 끈을 길게 뜬 다음 나란히 놓고 연결해 보자.
여러 색상과 질감의 뜨개실을 사용하면 훨씬 더 다양한 무늬와 색상의
티 매트를 만들 수 있어 더욱 활용도가 좋아진다.

재료
- 서다 포크송 청키(Sirdar Folksong Chunky) 극태사
  (울 51%, 아크릴 98%, 1볼 50g, 약 75m) 픽시부츠
  (377) 2볼
- 바느질용 실과 바늘
- 돗바늘

완성 크기
- 식탁 매트(큰 사이즈) 가로 25cm × 세로 20cm
- 컵 받침(작은 사이즈) 12cm× 세로 9cm

작업 시간
- 주말 동안에 완성할 수 있다.

핑거니팅 방법

식탁 매트(큰 사이즈)
길이 약 1028cm가 될 때까지 두 손가락 핑거니팅한
다(18쪽 참고).

컵 받침(작은 사이즈)
두 손가락으로 핑거니팅하여 길이가 약 186cm의
뜨개끈을 뜬다.

 응용해 만들기
두 종류의 실을 합쳐 핑거니팅하거나 더욱 끈을 길게 만들어 작업하면 더욱 큰 사이즈의 식탁 매트도 만들 수
있다.

만드는 방법

식탁 매트(큰 사이즈)

핑거니팅한 끈을 늘이지 않은 상태에서 길이 25cm만큼 곧게 편 후 핀으로 고정해 첫줄을 만들고 방향을 바꾸어 접어 아랫줄에도 동일한 길이만큼 곧게 펴 주고 핀으로 고정한다. 세로 20cm가 될 때까지 끈을 나란히 정렬한다.

전체적으로 듬성듬성 시침질로 틀어짐 없게 한 후, 정렬한 끈을 한쪽 끝부터 바느질용 실과 바늘을 이용해 꿰매어 연결한다(22쪽 참고). 핑거니팅한 끈을 모두 이어서 고정한 후에 시침질했던 실을 제거하고 남은 끈은 돗바늘을 이용하거나 손으로 엮어 넣어 마무리한다.

컵 받침(작은 사이즈)

큰 사이즈 만드는 방법과 동일하나, 사이즈만 12cm로 펼쳐 세로 9cm 될 때까지 끈을 나란히 정렬해 같은 방법으로 바느질한 다음 연결하면 된다.

세일러 매듭 쿠션
nautical sailor knot pillow

핑거니팅한 끈으로 세일러 매듭을 만들어 쿠션에 더하면
자신만의 개성이 담긴 멋진 소품을 만들 수 있다.

재료
- 로언 텀블(Rowan Tumble) 초극태사(알파카 90%, 코튼 10%, 1볼 100g, 약 70m)
- A- 마시멜로(560) 2볼
- 카티아 빅 리본(Katia Big Ribbon) 초극태사(코튼 50%, 폴리에스테르 50%, 1볼 200g, 약 72m)
- B- 22번 색 1볼

- 쿠션 솜 가로 50cm×세로 50cm
- 돗바늘

완성 크기
- 가로 53cm×세로 53cm

작업 시간
- 오후 반나절이면 완성

니팅 방법

쿠션 커버(암니팅)
A실 두 가닥을 합쳐 팔 길이의 2.5~3배를 풀어 16
코를 만든다(8쪽 참고).
17단을 겉뜨기하고 코막음한다(12쪽 참고).

세일러 매듭용 끈(핑거니팅)
B실로 핑거니팅하여 약 317.5cm 끈을 만들고 코
막음한다(18-19쪽 참고).
B실로 같은 길이의 끈을 한 가닥 더 뜬다

응용해 만들기
세일러 매듭 쿠션과 짝을 이룰만한 다른 매듭 디자인을 적용하여 쿠션 세트를 만들어 보자.

만드는 방법

쿠션 커버

편물로 쿠션 솜을 감싼 후 실타래 끝의 실로 밑단과 양 옆단을 메리야스 잇기로 연결하고 매듭을 짓고 실 끝을 편물 안으로 엮어 넣는다.

세일러 매듭

끈 두 가닥을 각각 반으로 접은 상태에서 한 번 더 반으로 접는다. 이런 과정을 거치면 기본적인 세일러 매듭이 2중 끈으로 완성되어 더욱 돋보이는 포인트 역할을 한다.

서로 교차시켜 여러 번 끼워 넣어주는 방법으로 세일러 매듭을 만들고 쿠션 앞 중앙에 놓아준 뒤, 매듭에 이어진 띠 부분을 뒤쪽으로 넘겨 사진에서처럼 쿠션 커버 사이로 두어 번 끼워 넣고 X자 모양 나오게 교차시킨 후 끝 쪽의 실을 모아 이어지도록 돗바늘 이용해 연결하고 매듭 지은 후 엮어 넣고 깔끔하게 마무리한다.

1   2   3

TIP!

두 뜨개끈을 일정한 길이로
미리 맞추려면
하나의 실타래로 길이가 같은
두 개의 실타래로 나눈 후에
핑거니팅을 시작한다.

나선형 욕실 매트
spiral bath mat

매력적이면서 만들기도 쉬운 욕실 매트는
핑거니팅한 뜨개끈을 나선형으로 연결한 것이다.
눈에 띄는 색상의 테두리 장식으로 발랄한 느낌을 더해보자.

재료
- 카티아 코튼 코드(Katia Cotton Cord) 초극태사 (코튼 100%, 1볼 100g, 약 50m) 크림(51) 3볼
- 크림색과 보색을 이루는 방울 장식이 달린 폼폼 2m
- 바느질용 바늘과 실
- 원단용 접착제
- 미끄럼 방지원단
- 접착시트

완성 크기
- 약 지름 46cm

작업 시간
- 한나절 정도면 완성

핑거니팅 방법

두 손가락 핑거니팅하여 길이 20m의 끈을 뜨고 코막음한다(18쪽 참고).
이때 실이 부족할 경우엔 매듭지어 연결 후 계속해서 뜨면 된다.

욕실 매트 만드는 방법

긴 끈을 중심부터 돌돌 말아가며 손바느질하거나 접착제를 이용해 매트 크기가 되도록 나선형 모양으로 울지 않게 모양을 확인하며 이어준다.
미끄럼 방지원단과 접착시트를 매트 크기로 재단 후, 미끄럼 방지원단 안쪽과 매트 뒷면 사이에 접착시트를 놓고 다림질해 흐트러짐 없도록 해 준다.
방울 장식 폼폼을 매트 테두리에 글루건이나 손바느질로 달아주어 달랑거릴 수 있도록 장식한다.

 응용해 만들기
서로 다른 색상의 실로 뜬 끈을 이용하여 더욱 화려한 색감의 매트를 만들어 보자.

하트 벽걸이 장식

hanging hearts

두 시간이면 완성할 수 있는 벽걸이 장식으로
특별한 공간을 만들어 보자.

재료
- 카티아 빅 코튼(Katia Big Cotton) 극태사(코튼 63%, 폴리에스테르 37%, 1볼 50g, 약 25m)
- A-크림(51) 1볼, B-레몬(52) 1볼
- 리본 98cm
- 공예 철사

완성 크기
- 원하는 길이로 자유롭게 만들 수 있다.

작업 시간
- 두 시간 정도면 완성

핑거니팅 방법

A실로 두 손가락 핑거니팅하여 약 40.5cm 끈을 만들고 코막음한다.
A실로 같은 길이만큼 끈을 한 가닥 더 뜨고, B로 두 가닥을 더 뜬다.

하트 벽걸이 만드는 방법

끈 하나의 양 끝을 모아 실타래 끝의 실로 꿰매어 동그랗게 만들고 남은 실은 엮어 깔끔하게 마무리한다. 공예용 철사를 조금씩 동그란 끈 사이사이로 집어넣어 겉으로 보이지 않도록 한 후, 구부리며 하트 모양으로 만든다.
같은 방법으로 다른 끈도 모두 하트 모양을 만든다. B실로 만든 하트를 리본 가장 아래쪽에 연결하기 위해 하트의 상단 중앙에 리본 끈을 고리 모양으로 감아 단정하게 묶는다.
이런 방법으로 A와 B실로 만든 남은 하트를 교대로 리본에 예쁘게 달아준다. 남은 리본은 벽에 걸 수 있도록 고리를 만들어 준다.

 응용해 만들기
다른 종류의 실을 사용하거나 하트를 다양한 크기로 만들어 더욱 고급스런 벽걸이 장식을 만들어 보자

TIP!

하트 모양 옆으로
철사가 보이지 않도록
끈 사이를
잘 마무리해 주는 것이
중요하다.

실용 만점 수납함
handy storage tubs

빠른 시간에 핑거니팅으로 만들 수 있는 끈은 활용도가 다양하다.
여러 개의 끈을 이용해 수납함에 도전해 보자.

재료
- 위 아 니터스 패브릭 얀(We Are Knitters The Fabric Yarn) 병태사 (1볼 400g)
- A-옐로우 1볼, B-오렌지 1볼
- 바느질용 바늘과 실
- 원단용 접착제

완성 크기
- 큰 수납함 약 가로 10cm×세로 26.5cm×높이 9cm
- 작은 수납함 약 가로 10cm×세로 20.5cm×높이 9cm

작업 시간
- 오후 반나절이면 완성

핑거니팅 방법

큰 수납함
A실로 두 손가락 핑거니팅하여 약 711cm 끈을 만들고 두 손가락에 감긴 고리 사이로 실타래 부분 실을 통과하여 끈 끝에서 당겨 매듭 짓는다.

작은 수납함
큰 수납함과 같은 방법으로 B실로 길이 약 498cm를 두 손가락 핑거니팅한 다음 당겨서 코막음한다.

응용해 만들기
끈의 길이를 다르게 하면 다양한 크기와 모양의 수납함을 만들 수 있으며, 나선형으로 진행할 경우 둥근 원통형 수납함도 만들 수 있다.

TIP!

수납함을 빠르고 쉽게 만들려면
원단용 접착제 살짝 발라
위치를 잡아준 후 바느질한다.
이때 바늘이 통과할 수 있도록
약간만 사용해 주는 게 중요하며
실은 만들려는 수납함 색과
비슷한 실을 사용해 바느질 흔적이
보이지 않도록 한다.

만드는 방법

큰 수납함

실타래 끝의 실을 끈의 한쪽 끝에서 엮어 넣어 마무리 한 후, 17cm 길이만큼 길게 펼쳐 첫줄을 만들고 방향을 바꿔 접어 끈이 꼬이지 않도록 첫줄과 나란히 놓는다. 원단용 접착제를 사용해 끈의 위치를 잡아준 후 같은 색 실로 바늘질하여 고정한다(22쪽 참고).

동일한 방법으로 수납함의 바닥이 10cm×26.5cm가 될 때까지 계속해서 끈을 이어붙인 후, 끈을 모서리에서 모양을 잡아가며 수납함의 옆면이 되도록 높이 9cm까지 동일한 방법으로 바느질한다. 이때 옆면 네 곳의 층이 같도록 확인하고 남은 끈은 풀리지 않도록 엮어 넣고 깔끔하게 마무리한다.

작은 수납함

바닥 10cm×20.5cm가 되는 사이즈로 큰 수납함과 같은 방법으로 만든다.

폼폼 가랜드
pom pom garland

손쉽게 만들 수 있는 화사한 색상의 가랜드는 집안 분위기를 새롭게 할 뿐 아니라
생일이나 가족 기념일에 장식할 수 있어 더욱 특별한 날을 만들어 준다.

재료
- 캐스케이드 220 수퍼와시(Cascade 220 Superwash)
  병태사(세탁기 사용이 가능한 메리노 100%, 1볼
  100g, 약 200m)
- A-화이트(871) 1볼
- 아라쿠니아 프엘로(Aracunia Puelo) 병태사(베이비
  라마 100%, 1볼 100g, 약 210m)
- B-혼합색(2276)

- 두꺼운 도화지
- 가위

완성 크기
- 약 193cm

작업 시간
오후 반나절 정도면 완성

핑거니팅 방법

가랜드 끈
끈을 만들기 위해 A와 B를 합쳐 길이 142cm만큼 두 손가락 핑거니팅하고 끝에서 매듭 지어 코막음
한다.

방울 장식 폼폼
두꺼운 도화지로 지름 5cm되는 원 두 개를 만들어 원 중앙에 작은 구멍을 만든 후, 두 개의 원을 겹쳐
놓고 중앙 작은 원에서 큰 원의 테두리 방향으로 실을 감아 틀 전체를 완전히 덮어준다.
충분히 감긴 털실을 테두리 부분 틈을 이용해 가위로 끝을 잘라내고 두꺼운 도화지 사이로 길이 15cm
실을 끼워 팽팽하도록 감아준 후 풀리지 않도록 매듭 짓는다. 원형틀에서 실을 조심스레 빼내어 가장
자리 가위로 다듬어주면 예쁜 폼폼이 완성된다.
A실로 만든 폼폼 5개, B로 만든 폼폼 5개가 필요하다. 폼폼은 가랜드 끈 전체에 걸쳐 일정한 간격으
로 색상을 바꿔가며 배치한다.

만드는 방법

가랜드 끈 한쪽을 시작으로 방울 장식의 실꼬리를 끼워 넣은 다음 묶어서 매듭을 짓는 방식으로 간격
을 유지하며 달아준다.

 응용해 만들기

핑거니팅하여 끈을 더욱 길게 뜨기만 하면 더욱 긴 가랜드를 완성할 수 있는 만큼 장식도 더 많이 달아 풍성하
게 만들어 보자.

FINGER KNITS *to wear*

핑거니팅으로 만드는
액세서리

TIP!

실을 정확한 양으로 나눠야 할 때
주방용 저울에 실타래를 올려
무게를 같게 만들면 된다.
세 손가락과 네 손가락
핑거니팅 방법은
20쪽 참고.

빅 리본 헤어밴드

big bow headband

핑거니팅으로 빠른 시간에 쉽게 완성할 수 있는 나만의 헤어밴드를 만들어 보자.

재료
- 루이자 하딩 아키코(Louisa Harding Akiko) 병태사
  (메리노 울 70%, 알파카 30%, 1볼 50g, 약 90m)
- A-라벤더(016) 1볼
- 루이자 하딩 제시(Louisa Harding Jesse) 병태사(코
  튼 100%, 1볼 50g, 약 89m)
- B-페이디드(103)

완성 크기
- 리본 12cm, 머리띠 둘레 49cm

작업 시간
- 두 시간 이내로 완성

핑거니팅 방법

빅 리본 바탕

A실 네 가닥을 합쳐 길이 35.5cm만큼 네 손가락 핑거니팅을 하고 코막음한다.

빅 리본 중앙 띠

A실 네 가닥을 합쳐 길이 10cm만큼 세 손가락 핑거니팅을 하고 코막음한다.

머리띠

A실 두 가닥과 B실 두 가닥, 모두 네 가닥의 실을 합쳐 네 손가락 핑거니팅하여 길이 49cm의 끈을 뜨고 코막음한다(20쪽 참고).

만드는 방법

리본 바탕 부분을 반으로 접고 끝 쪽의 실로 끈의 양 끝을 연결하여 고리 모양을 만든 후 풀리지 않도록 매듭 짓고 만들어진 고리는 반으로 접어 양 끝을 이은 솔기와 고리의 중심 부분을 맞댄 상태에서 납작하게 눌러준다.

중앙 띠 부분도 동일한 방법으로 만든 후 연결한 솔기 부분이 보이지 않도록 뒤쪽으로 놓은 상태에서 큰 리본 중앙에 올려놓고 모아 잡아당긴 후 끝 쪽의 실을 매듭 지어 빅 리본 모양을 만든 후 남은 실은 엮어 넣는다. 머리띠 끈은 빅 리본 중앙 띠 뒤쪽을 통과시켜 머리 사이즈에 맞게 조절한 후 다른쪽 끝과 연결한 다음 고정해 주고 풀리지 않도록 매듭 지은 후 남은 실은 엮어 넣어 깔끔하게 마무리한다.

 응용해 만들기

헤어밴드 대신 머리 클립이나 빗핀, 혹은 폭이 넓은 머리끈에 고정해도 좋다. 화려한 야회복에 어울리는 머리 장식을 원한다면 위의 실 대신 실크 리본실로 만들어 보자.

레이어드 사슬 목걸이
layered loop necklace

굵기가 있는 실을 사용하여 두 손가락 핑거니팅하면
두툼한 니트 목걸이 만들기에 적당한 끈이 만들어진다.
그 끈을 여러 개 매치하면 더욱 멋진 목걸이가 완성된다.

재료
- 카티아 빅 코튼(Katia Big Cotton) 초극태사(코튼 63%, 나일론 37%, 1볼 50g, 약 25m)
- A-58번 색상 1볼
- 드랍스 알파카(Drops Alpaca, 알파카100%, 1볼 50g, 약 167m)
- B-틸(2919) 1볼
- 바느질용 실과 바늘
- 돗바늘

완성 크기
- 가장 긴 끈의 길이 약 40cm

작업 시간
- 두 시간 안에 완성

핑거니팅 방법
A실로 두 손가락 핑거니팅해서 길이 300cm의 끈을 만든다(18쪽 참고).

만드는 방법
핑거니팅한 끈의 둘레가 24cm인 고리 모양으로 먼저 만들고, 바깥쪽으로 둘레가 31cm인 두 번째 고리를 만든 다음, 마지막으로 바깥쪽 둘레가 40cm인 세 번째 고리를 만든다.

세 개의 고리를 사진에서처럼 한쪽은 층 지듯 배치하고 다른 쪽은 하나로 모아준다.

이때 실 끝 쪽에 남은 실을 이용해 모아준 쪽에서 여러 번 돌려 감아 만들어 둔 형태가 망가지지 않도록 고정시키면 목걸이 뒷 부분이 마무리된다.

B실을 돗바늘에 꿰어 만든 목걸이 한쪽 측면에 작은 땀으로 바느질하여 고정한 다음 연결 지점을 여러 번 돌려주며 감싸 폭이 약 7.5cm가 될 때까지 실을 감아서 하나의 포인트가 되는 띠를 만든다.

연결지점을 실띠로 완전히 덮은 다음에는 돗바늘에 꿰어 놓았던 B실로 흐트러짐 없도록 고정한다.

 응용해 만들기
네 가닥의 실 색상을 모두 다르게 하거나 측면 연결지점을 실 대신 가죽으로 감아주거나 예쁜 원단을 감아 손 바느질로 고정하면 더욱 특별한 목걸이가 완성된다.

TIP!

두 손가락
핑거니팅 방법은
18쪽 참조.

TIP!

적은 양의 실을 이용해
만들어도 좋지만, 충분한 양의
여러 색상 실을 사용하여 만들면
더욱 멋지고 풍성하게 완성되어
선물하기에도 좋다.
재료 실 대신 다양한 실로
연출이 가능하다.

플라워 브로치
floral corsage brooch

적은 양의 뜨개실로도 핑거니팅하여
작은 플라워 브로치를 쉽고 빠르게 완성할 수 있다.
오후에 만들고 저녁에 바로 착용할 수 있는 아이템이다.

재료
- 캐스케이드 220(Cascade 220) 병태샤(페루 고산지
  대 울 100%, 1볼 100g, 약 200m)
- A-골드(9463) 1볼, B-아쿠아(8951) 1볼, C-멜로우모
  브(8863) 1볼
- 돗바늘
- 브로치용 핀

완성 크기
- 약 가로 15cm

작업 시간
- 두 시간 안으로 완성

핑거니팅 방법

꽃술
A실로 두 손가락 핑거니팅하여 길이 10cm 끈을
만들고 코막음한다(19쪽 참고).
동일한 방법으로 두 개의 끈을 더 만든다.

꽃잎
B실로 두 손가락 핑거니팅 하여 길이 63.5cm의
끈을 만들고 C실로 네 손가락 핑거니팅 하여 길
이 89cm의 끈을 만든다.

 응용해 만들기
비즈나 단추를 이용해 꽃 중앙에 달아주면 더욱 화려하고 다양하게 연출할 수 있다.

만드는 방법

A실로 뜬 10cm의 끈 세 가닥의 한쪽 끝을 합쳐 끝 쪽 실로 묶은 후 땋아주고 남은 실로 깔끔하게 매듭을 지어 끈을 나선형으로 말아준다. 뒷면에서 실타래 끝은 끈 안으로 엮어 넣고 마무리한다.

B실로 뜬 길이 63.5cm의 끈은 일정한 크기로 꽃잎 모양을 다섯 개 만들어 실 끝 쪽 실을 돗바늘 이용해 꽃잎이 모이는 끈 중앙을 통과하며 바느질하여 고정한다. 남은 실 끝은 엮어 넣고 매듭을 지은 후에 가위로 깔끔하게 정리한다.

C실로 뜬 길이 89cm의 끈도 B와 같은 방법으로 꽃잎 모양 다섯 개 만들고 고리 모양의 꽃잎은 적절한 위치에서 돗바늘과 실타래 끝으로 바느질하여 고정한다.

C로 만든 꽃잎 위에 B로 만든 꽃잎을 겹친 다음, 끝 쪽의 실과 돗바늘로 두 꽃잎을 고정하고 남은 실은 엮어 넣고 매듭 지은 후 깔끔하게 정리하고, A로 만든 꽃술을 두 꽃잎 중앙에 올려 손바느질을 하여 꽃잎과 꽃술이 모두 제 위치에 바느질이 잘 되도록 고정한다.

브로치용 핀대에 올려 바느질 한 후 매듭 짓고 남은 실을 정리하면 완성된다. 브로치용 핀대 종류에 따라 글루건으로 간단하게 부착해도 된다.

배색 클러치 백
color-block clutch purse

다양한 색상의 실을 매치하여 매력적이며
화려한 색상의 개성 강한 클러치 백을 만들어 보자.

재료
- 서블라임 엑스트라 파인 메리노 울 DK(Sublime Extra Fine Merino Wool DK) 병태사(100% 엑스트라 파인 메리노 울, 1볼 50g, 116m)
- A−젬(361) 2볼
- B−선데이(349) 1볼
- 뜨개실과 같은 색상의 바느질용 실과 바늘
- 원단용 접착제
- 커다란 단추

완성 크기
- 약 가로30cm x 세로 14cm x 높이 7.5cm

작업 시간
- 오후 반나절이면 완성

핑거니팅 방법

A실로 두 손가락 핑거니팅하여 길이 약 1448cm의 끈을 만들고 코막음한다.
B실로 두 손가락 핑거니팅하여 길이 216cm의 끈을 만든 다음 코막음한다.

 응용해 만들기
더욱 큰 사이즈의 클러치 백을 만들려면 더욱 굵은 뜨개실로 핑거니팅하여 만들면 된다.

만드는 방법

A실로 만든 끈을 24cm 길이만큼 길게 펼쳐 첫줄을 만들고 방향을 바꿔 접어 끈이 꼬이지 않도록 첫줄과 나란히 놓는다. 나선형 방향으로 타원형 모양이 나오도록 원단용 접착제를 사용해 움직이지 않게 자리 잡아 클러치 바닥 가로 30cm, 세로 7.5cm가 될 때까지 알맞은 위치를 잡아주며 놓아준 후, 끈과 같은 색 실로 바느질하여 고정한다. 가로로 길게 늘어진 타원형의 클러치 바닥이 완성된다.

바닥을 만들고 이어져 있는 끈을 위로 올려 클러치 측면을 11.5cm 될 때까지 계속해서 만든다. 역시 원단용 접착제를 사용해주면 훨씬 수월하게 작업할 수 있다. 이때 클러치 모양이 틀어지지 않도록 층이 모두 일치하는지 확인하며 만든다.

B실로 뜬 끈을 연결하여 끈이 풀리지 않도록 고정한 다음, 클러치 상단에 세 층의 끈을 같은 방법으로 쌓아 올리다 뒤 쪽 중앙에서 멈춘 다음 매듭은 짓지 말고 클러치의 잠금 장치를 만들기 위해 끈 23cm를 남긴다.

클러치 앞 중앙 위쪽에 바느질용 실과 바늘 이용해 단추를 깔끔하게 달아준다. 매듭을 짓지 않은 끈을 되접어서 고리를 만들고, 끝 쪽의 실로 고리가 시작되는 지점을 단단히 묶어 마무리한다.

TIP!

클러치 모양을 만들 때
원단용 접착제를 살짝 발라 끈의
위치를 잡아주면 한결 쉽게
이을 수 있을 뿐만 아니라
클러치의 모양도
훨씬 잘 잡힌다.

레이어드 팔찌

stack'em up bangles

패브릭 얀이나 원단으로 직접 만든 실로 팔찌를 만들어
3중으로 레이어드 하면 개성만점 멋진 액세서리가 된다.

재료
- 위 아 니터즈 패브릭 얀(We Are Knitters The Fabric Yarn) 병태사
- A–라임그린, B–터키즈, C–핑크

완성 크기
- 약 안쪽 둘레 17cm

작업 시간
- 한 시간 정도면 완성

핑거니팅 방법

얇은 팔찌
A실로 길이 22.5cm, 혹은 자신의 손목을 바싹 감쌀 만큼의 길이를 두 손가락 핑거니팅하고 실타래 실의 끝을 손가락에 감긴 두 개의 고리 사이로 통과한 다음, 당겨서 끈 끝에서 매듭을 만든다.

중간 굵기의 팔찌
B실로 세 손가락 핑거니팅하여 위와 같은 방법으로 길이 22.5cm 끈 만든다.

굵은 팔찌
C실로 네 손가락 핑거니팅하여 위와 같은 방법으로 길이 22.5cm 끈 만든다.

만드는 방법

끈의 끝을 맞대어 원모양으로 만들고, 처음과 끝에 있는 실로 실 끝을 맞은편 끈의 끝 안으로 차례로 통과시킨 다음 풀리지 않도록 매듭을 지어 연결한다. 다른 끈도 모두 같은 방법으로 연결하고 남은 실 끝은 끈 안으로 엮어 넣어 마무리한다.

응용해 만들기
끈의 길이를 더 길거나 짧게 하는 방법으로 충분히 맞춤 제작이 가능한 팔찌를 팔목에 잘 맞도록 치수를 제대로 재어 다양하게 만들어 보자.

비즈 장식 목걸이
beaded leather necklace

가느다란 가죽 끈과 비즈를 이용해 핑거니팅하여 만들면
기대 이상의 멋진 액세서리를 만들 수 있다.

재료
- 가죽 끈(두께 1mm, 길이 220cm, 내추럴 색상)
- 다양한 모양과 색상을 지닌 비즈

완성 크기
- 완성된 목걸이는 매듭이 달려 있어서 자신만의 스타일에 맞게 짧게 또는 길게 조절할 수 있다.

작업 시간
- 오후 반나절이면 완성

핑거니팅 방법

끼워 넣을 비즈가 빠지지 않도록 먼저 가죽 끈 한쪽 끝에 느슨하게 매듭을 지어놓고 비즈를 미리 구상한 배열 순서대로 끼워준다. 이때 대칭을 이루거나 색상별로 혹은 모양별로 다양하게 배열해주면 좋다.

비즈를 모두 끼웠으면 한쪽 35.5cm 끈(나중 목걸이 줄과 잠금 장치 부분)을 남기고 두 손가락 핑거니팅 시작한다. 핑거니팅할 때에는 코뜨기를 진행하면서 한 번에 비즈 하나씩 끼워 넣어주며 해야 예쁘게 완성된다. 20cm정도 핑거니팅한 후 코막음하고 35.5cm 끈의 여유를 두어 차후 잠금 장치가 될 수 있도록 한다. 이렇게 하면 핑거니팅한 부분이 끈의 가운데에 오게 된다.

응용해 만들기

크고 독특한 모양과 색상의 비즈를 사용하면 멋진 스타일의 목걸이를 만들 수 있다. 반면 작고 평범한 비즈를 사용하면 섬세하면서도 어느 곳에나 매치하기 좋은 깔끔한 스타일의 목걸이를 만들 수 있다.

TIP!

같은 종류의
비즈 여러 개 사이사이에
보색을 이루는 비즈를 더하는 방식으로
크기와 색상이 독특한 비즈를 사용하면
현대적이며 팝 아트적인 느낌을
연출할 수 있어 시선을 한 몸에
받을 수 있다.

만드는 방법

가죽 끈 양 끝을 이중으로 살짝 겹치도록 원 모양으로 놓고 한쪽부터 끈을 길이 7.5cm를 교차시켜 고리 모양이 되도록 한 후 가죽 끈 끝 쪽의 끈으로 고리 사이를 통과하며 탄탄하게 세 번 감는다. 세 번 감으면서 만들어진 틈 사이로 가죽 끈의 끝을 통과시키고 당겨 매듭을 짓고 삐져 나온 끝 부분은 잘라 내어 깔끔하게 만든다.

다른 쪽도 같은 방법으로 작업한다. 이렇게 하면 가죽 끈을 따라 양옆으로 쉽게 움직일 수 있는 훌륭한 미끄럼 매듭이 완성되어 목걸이를 걸 때는 양쪽 매듭의 거리가 좁혀지면서 끈 길이가 길어지고, 목걸이를 착용한 다음에는 두 매듭의 거리를 넓혀 끈 길이가 줄어들도록 조절해 적당한 목걸이 길이로 착용이 가능하다.

체인 목걸이
linked up scarf

핑거니팅한 끈으로 체인 모양을 만들면
특별한 스타일의 경쾌한 액세서리를 만들 수 있다.

재료
- 서블라임 엑스트라 파인 메리노 울 DK(Sublime Extra Fine Merino Wool DK) 병태사(엑스트라 파인 메리노 울 100%,1볼 50g, 약 116m)
- A-펌킨(373) 1볼, B-스프루스(362) 1볼
- 돗바늘

완성 크기
- 약 190cm

작업 시간
- 오후 반나절이면 완성

핑거니팅 방법

A실 두 가닥을 합쳐 길이 20cm가 될 때까지 두 손가락 핑거니팅하고 코 막음한다.

동일한 방법으로 길이가 20cm인 끈을 14개 더 핑거니팅하여 모두 15개를 만든다.

B실 두가닥을 합쳐 A와 같은 방법으로 길이가 20cm인 끈을 세 개 만든다.

만드는 방법

A실로 뜬 끈의 양 끝을 모아 실 끝 쪽의 실로 돗바늘을 사용해 두어 땀 바느질하여 끈의 양 끝을 연결해 하나의 원을 만들고 남은 실은 엮어 넣어 마무리한다. A실로 만든 두 번째 끈을 방금 완성한 원에 걸고 양 끝을 같은 방법으로 이어 체인 모양이 나오게 한다.

동일한 방법으로 반복하여 A실로 만든 끈을 10개 더 연결하면 12개의 A실 고리가 모두 이어져 긴 체인을 이룬다. B실로 뜬 끈도 같은 방법으로 앞서 연결한 체인에 연결하고 마무리한다.

응용해 만들기

A와 B실을 합쳐 핑거니팅하여 만든 끈으로 체인을 만들면 모양은 같지만 두 가지 색상이 섞인 또 다른 목걸이를 만들 수 있다.

『암 & 핑거니팅』 추천 사이트

이 책 속 실제 뜨개 작품들에 사용한 실과 소품을 구매할 수 있는 해외 사이트 정보를 모았다.
'암 & 핑거니팅' 속 실에 대한 다양한 정보는 23쪽을 참고하자.

 ## 실 yarns

Aracunia
www.knittingfever.com
www.designeryarns.uk.com

Cascade 220
www.cascadeyarns.com
www.loveknitting.com

Debbie Bliss
www.designeryarns.uk.com
www.knittingfever.com

Fyberspates
www.fyberspates.co.uk
www.fyberspatesusa.com

Hoooked Zpaghetti
www.dmccreative.co.uk
www.hoooked.nl/uk

Katia
www.katia.com
www.knittingfever.com

Lion Brand
www.lionbrand.com
www.deramores.com

Louisa Harding
www.knittingfever.com
www.designeryarns.uk.com

Rowan
www.knitrowan.com
www.jimmybeanswool.com

Sirdar
www.sirdar.co.uk
www.knittingfever.com

Sublime
www.sublimeyarns.com
www.knittingfever.com

We Are Knitters
www.weareknitters.com

 ## 소품 supplies

Ikea
www.ikea.com

Fusible webbing
www.vilene-retail.com